Bernward Gesang
Darf ich das oder muss ich sogar?

PIPER

Zu diesem Buch

Umweltschutz oder Autobahnbau? Gentechnik oder Hunger in der Dritten Welt? Kluge Antworten auf moralische Zwickmühlen bietet dieses Buch, das sich den moralischen Fragen unserer Zeit widmet. Es stellt dabei nicht nur die richtigen Fragen, sondern liefert – gerne auch mal streitbar – Antworten für eine lebhafte aber auch humorvolle Auseinandersetzung mit zentralen Fragen des Lebens.

Bernward Gesang hat seit 2009 den Lehrstuhl für Philosophie mit dem Schwerpunkt Wirtschaftsethik an der Universität Mannheim inne. Gesang ist darüber hinaus als freier Journalist für verschiedene deutsche Tageszeitungen tätig, unter anderem für die Süddeutsche Zeitung und die taz. Er ist Mitglied bei »Giving What We Can«, einer Initiative, sich u.a. für eine sinnvolle Verwendung von Spendengeldern einsetzt.

Bernward Gesang

DARF ICH DAS *oder* MUSS ICH SOGAR?

Die Philosophie des richtigen Handelns

PIPER

Mehr über unsere Autoren und Bücher:
www.piper.de

MIX
Papier aus verantwor-
tungsvollen Quellen
FSC® C083411
FSC
www.fsc.org

Originalausgabe
ISBN 978-3-492-31058-1
Juli 2017
2. Auflage 2017
© Piper Verlag GmbH, München 2017
Umschlaggestaltung: Agentur Rothfos & Gabler, Hamburg
Umschlagabbildung: ilyast/gettyimages
Satz: Kösel Media GmbH, Krugzell
Gesetzt aus der Life LT Roman
Druck und Bindung: CPI books GmbH, Leck
Printed in the EU

Für Mats Lukas

Inhalt

Anstelle eines Vorworts:
Schwarzwälder Kirsch
und das maximale Glück

INTRINSISCHE UND
EXTRINSISCHE WERTE

Darf ich das?

Dieses Buch stellt sich den moralischen Fragen unserer Zeit, die jedermann »auf den Nägeln brennen«. Macht man sich schuldig, wenn man einfach dabei zuschaut, wie täglich unzählige Menschen verhungern? Muss der Hamster dem Kraftwerk weichen oder hat Naturschutz Vorrang vor Wohlstand? Darf man grüne Gentechnik einsetzen, um den Hunger in der Welt zu bekämpfen? Wäre es schlimm, ein Klon zu sein?

Was läuft in diesem Buch anders als in vielen andern, die auch diese dicken Bretter bohren?

Erstens soll dieses Buch auch unterhalten. Oder – geradeheraus gesagt: Es darf auch mal geschmunzelt werden. Auch

wenn das in den heiligen Hallen der Philosophie höchst unüblich ist: Die Erfahrung als Hochschullehrer zeigt, dass sich
junges Publikum mit Humor am besten gewinnen lässt. Und
alle Didaktik beiseite: Dem Autor selbst bereitet es eine
gewisse Freude, darüber zu spekulieren, dass Menschen, die
als auf den Knien liegende Würmer gedacht werden, auf die
Dauer keine wertvollen Sozialkontakte für den lieben Gott
darstellen, sodass man sich ernstlich Sorgen um seine psychische Gesundheit machen muss; oder statistisch zu begründen, dass Flüchtlingsfeindlichkeit in Mecklenburg-Vorpommern absurd ist, weil Flüchtlinge dort seltener als Kolibris
sind; oder festzustellen, dass die biblische Kritik an diversen
Wirten, die Maria die Herberge an Weihnachten verweigerten, nur rekonstruierbar ist, wenn man Moral als Gegenteil
von Egoismus versteht. Außerdem schaffen Scherze eine Distanz zum Gegenstand, die für den kühlen Kopf des Philosophen lebenswichtig ist. So kann man noch schmunzeln, statt
nur noch zu heulen oder pathetisch zu predigen.

Zweitens werden die Probleme in diesem Buch nicht nur
geschildert, sondern es gibt Antworten. Jede Fragestellung
verdient eine möglichst originelle Lösung. Die Texte erschöp-
fen sich nicht in dem Versuch, aktuelle Probleme für jedermann verständlich zu beschreiben. Sie formulieren sogar
Vorschläge für politische Regelungen. Diese Lösungen überschreiten manchmal die Grenzen des vermeintlich »politisch
Korrekten« und entlarven dieses immer wieder als unbegrün-
detes Tabu. Doch schon hier die Warnung: Dieses Buch wird
parteiisch.

Ich will daher drittens für einen Standpunkt werben, der
nicht gerade populär ist: für den ethischen Utilitarismus.[1]
Den wie bitte, was? Die Ansicht, dass die Moral von Hand-

---

[1] Smart, Williams 1973.

lungen danach bewertet werden soll, wie viel Wohlergehen
sie in die Welt bringen bzw. ob sie dieses Wohlergehen maximieren.

Utilitarismus

Eine auf Francis Hutcheson (1694–1746) und Jeremy Bentham
(1748–1832) zurückgehende Lehre. Maßstab des moralisch Richtigen
soll das Gute sein, das eine Handlung in die Welt bringt. Das besteht
in einer Maximierung des Glücks (Wohlergehens) aller von einer
Handlung Betroffenen durch diese Handlung. Der Utilitarismus ist

a) Universell: Alle Betroffenen sind gleich wichtig, jeder zählt als einer,
   keiner mehr als einer.

b) Wertmonistisch: Nur die Maximierung des Glücks ist an sich wertvoll, andere Werte dienen nur als Mittel dafür.

   Aggregativ: Das Glück wird zwischen Personen verglichen und auf-
   addiert zu einer Gesamtsumme, die für jede Handlungsalternative
   über alle von ihr Betroffenen hinweg ermittelt wird. Man wählt danach die glücksmaximierende Alternative.

Der Utilitarismus ist eine besondere Form der Interessenethik, d.h., er baut darauf auf, ob Interessen oder Wünsche
der Menschen erfüllt werden bzw. fußt letztlich auf ihrem
dadurch erzeugten Wohlergehen.

   Den Menschen soll es so gut wie möglich gehen, ganz
logisch oder? Na ja, das heißt, dass nichts anderes außer der
Menge an Wohlergehen zählt. Und mehr davon ist immer bes-
ser als weniger, das meiste Wohlergehen ist am besten. Diese
Logik wird zwingend, wenn man Wohlergehen nicht mit
Schwarzwälder Kirschtorte kurzschließt, von der man auch
Mal genug haben kann. Wohlergehen oder Glück sollte als

das verstanden werden, was auch immer Sie zufrieden macht, was zeitweilig natürlich mit Schwarzwälder Kirsch, zeitweilig auch mit dem Schnaps danach identisch sein kann. Nicht die Verteilung des Wohlergehens (Gerechtigkeit), nicht die Würde des Einzelnen, nicht die Freiheit des Einzelnen sind die finale Richtschnur. Allerdings spielen all diese Werte auch im Utilitarismus eine Rolle, denn sie sind wie Tortenstücke auf dem Weg zum Glück des Kuchenfreundes, d. h. Mittel, um viel Wohlergehen zu erzeugen. Wenn man den Menschen möglichst viel Freiheit lässt, werden sie z. B. meist glückliche Zeitgenossen. Verbote erzeugen Frust. Insofern zählt Freiheit schon, aber eben nicht als »Selbstzweck«, sondern als Mittel, um Glück zu schaffen. Alles andere wäre auch bedenklich, denn Freiheit oder Gerechtigkeit sind dafür gemacht, dass Menschen sich mit ihnen besser fühlen. Wenn sich niemand durch Gerechtigkeit besser fühlen würde, worin bestünde dann ihr Wert?

Interessenethik

Darunter wird eine Ethik verstanden, deren Normen durch Interessen von Individuen begründet werden, weil diesen Interessen und daher auch den Trägern von Interessen, Wert zugemessen wird. Manche Interessenethiker halten jedes Interesse für wertvoll, andere nur informierte Interessen, die nicht auf Irrtümern, Launen etc. basieren. Einige Interessenethiken weisen Interessen Wert zu, weil sie sie als Indikator für Wohlergehen sehen (dem schließe ich mich an), andere sehen ihren Wert als völlig eigenständig an.

Einige Denker folgern daraus, Freiheit zähle im Utilitarismus also nichts und Glück alles. Das ist ein Glas-halb-leer-halb-voll-Fall. Richtig ist: Im Utilitarismus gibt es nur einen intrinsischen Wert, und zwar die Menge an Wohlergehen, das eine Handlung erzeugt, alle anderen Werte sind extrinsisch. Und genauso geht das in diesem Buch weiter: Ich beziehe Position, versuche aber dabei auch allgemein in Grundbegriffe der Ethik einzuführen – mein viertes Ziel. Diese Grundbegriffe werden in Kästchen verpackt und man kann sie unabhängig vom Rest konsumieren, je nach Appetit. So ergibt sich eine kleine »Einführung in die Ethik«, die nicht Theorie um der Theorie willen behandelt, sondern die sich um Antworten auf konkrete Fragen bemüht und die eine hoffentlich plausible Position begründen will. Damit soll die sich ergebende Einführung keine Einführung um ihrer selbst willen sein, sondern es geht dabei immer um die Sachthemen, die uns alle bewegen. Man kann aber jedes Kapitel isoliert verstehen und mit einem Stück Schwarzwälder Kirsch garniert genießen.

Ethiken, die z. B. die Natur, Gott oder Gerechtigkeit und Würde zur Richtschnur nehmen, wird hier eine Absage erteilt. Während das erste Kapitel jeder Interessenethik überhaupt erst einmal den Boden bereitet, indem es den lieben Gott vom Thron stürzt bzw. feststellt, dass dieser Thron nie wirklich besetzt war, dient das zweite Kapitel in erster Linie dazu, den Begriff der »Moral« einzuführen. Die Kapitel 3 und 4 sollen zeigen, wie der Utilitarismus funktioniert. Dann soll ein Ausflug beginnen, an dessen Ende wir nicht nur das schöne Wetter und Kaffee genossen, sondern den Utilitarismus ein Stück weit begründet haben. Im Kapitel 5 wird zuvor darüber nachgedacht, ob und wieweit (objektive) Moralbegründungen überhaupt möglich sind. Die Kapitel 6 bis 10 verwenden Hirnschmalz darauf, den Utilitarismus gegen alternative Prinzipien wie Natürlichkeit, Würde oder Gerechtigkeit zu verteidigen, wobei das nichts für schwache Nerven bzw. Menschen mit Einschlafproblemen ist.

Während im ersten Teil des Buches die wichtigsten Begriffe und Konzepte eingeführt werden und der Utilitarismus wenigstens grob begründet wird, wird dieser in den folgenden Teilen dann angewendet. Die verschiedenen Antworten, die wir dabei auf aktuelle Fragen erhalten, wie beispielsweise die nach der Lösung des Flüchtlingsproblems, fügen sich zusammen. Es entsteht ein Gesamtbild, das belegen soll, dass die Ethik attraktiv ist, die hinter ihm steht. Insofern liegt mir die Begründung weiterhin am Herzen, denn wenn die Ergebnisse der Anwendung prima sind, spricht das für die zugrundeliegende Theorie. Die Leser sollen außerdem »lernen«, wie ein Utilitarist schwierige Fragen analysiert. Vielleicht gelingt es den Lesern so, schon zu Beginn eines Kapitels die Antwort aus utilitaristischer Perspektive zu ahnen. So sollen sie selbst in die Lage versetzt werden, auf die kniffligen Fragen des Lebens Antworten zu formulieren und sich einen eigenen Kompass gegen moralische Verirrungen zu basteln.

Dabei wird sicher mancher Vertreter von Gegenpositionen aufschreien. Aber das Buch verfolgt insbesondere die Absicht, Menschen für Ethik zu interessieren, statt auf akademische Ausgewogenheit zu setzen. Angesprochen sind auch Menschen, die im scheinbar ewigen Kreislauf des Wenn und Aber keine Antworten gefunden haben – auch wenn sich für den ein oder anderen so manches wie ein empörender Nadelstich ins Sitzfleisch anfühlen mag. Es wird zugunsten der Lesbarkeit bewusst darauf verzichtet, jede These mit Fußnoten zu belegen. Die zitierte philosophische Literatur ist stets exemplarisch ausgewählt und fasst gleichzeitig die besten Lesetipps zur Vertiefung der jeweiligen Kapitel zusammen. Damit wird der Leser dazu eingeladen, mal auf eine Tasse Kaffee und ein Stück Schwarzwälder Kirsch im Elfenbeinturm vorbeizukommen. Da hat man einen schönen Überblick über das Umland …

Ich danke Vuko Andric, Christian Wendelborn, Julius Schälike, Tatjana Visak, Ruth Hinz, Marcel Mertz und Christian Haller für kritische Diskussionen und Angela Gsell und Carina Heer für ihr engagiertes Lektorat.

I. Welche Moral ist richtig? –
Auf dem Weg zu einer
utilitaristischen Interessenethik

I. KAPITEL
BRAUCHT DIE MORAL GOTT
ODER BRAUCHT GOTT MEHR MORAL?

Über die Grundlagen einer religiösen Ethik

Die Biographie von Alexej Peschkow alias Maxim Gorki (dem Sohn des Kunsttischlers Maxim Peschkow) verläuft so dramatisch, dass die Geschichte aus der Feder eines auf Effekte versessenen Autors stammen könnte: Als der kleine Alexej die Cholera bekommt, steckt sich sein Vater bei der Krankenwache an und stirbt wenige Tage später. Über diesen Verlust kommt die Familie nicht hinweg, die Mutter verlässt die Kinder, die fortan bei den Großeltern aufwachsen.[2]

---

[2] Studnitz 1993, 10–29.

Auf jeden Schicksalsschlag im Leben Gorkis folgt ein noch schlimmerer. Der Großvater foltert die Kinder mit sadistischen Strafen und verliert seinen Besitz; Alexej muss sich alleine durchschlagen, indem er Vögel fängt, Knochen und Alteisen verkauft. Sein Bruder stirbt, seine Mutter stirbt, der Großvater wirft ihn aus dem Haus. Solche Geschichten schreiben aber eben nicht nur drittklassige Drehbuchautoren, sondern hier war das Leben der Autor. Wo ist Gott dabei? Das Problem bewegt die Menschen seit Jahrtausenden, und es hat sich herausgestellt: Gottes eigentliche Achillesferse ist das Theodizeeproblem – die Frage, wie man Gott angesichts des Leidens in der Welt rechtfertigen kann. Dieses Problem bietet gute Gründe dafür, nicht von der Existenz eines »lieben Gottes« auszugehen. Dann erübrigt sich auch eine religiöse, d.h. für unseren Kulturkreis insbesondere eine christliche Ethik.

Theodizeeproblem

Problem der Rechtfertigung Gottes angesichts des Übels in der Welt.
Es lässt sich wie folgt zusammenfassen:
1. Gott ist allmächtig (…und kann Übel verhindern).
2. Gott ist allwissend (…und weiß um das Übel).
3. Gott ist allgütig (…und will Übel verhindern).
Ergo:
Es gibt kein Übel. ↔ aber: Übel existiert.

Wie kann man noch an Gott glauben, wenn man mit eigenen Augen das Leid und die Ungerechtigkeit in der Welt erblickt? Noch sind uns allen die Bilder aus Fukushima präsent, wo Erdbeben, Tsunami und Atomkatastrophe wüteten. Wie kann

Gott das Übel in der Welt zulassen, wenn es ihn gibt und er uns liebt? Wie lassen sich Gottes angebliche Allmacht, Allwissenheit und Allgüte mit der Existenz des Leids in der Welt vereinbaren? Das wirft die Frage nach der Moral Gottes auf. Wenn es ihn gibt, ist er dann moralisch? Wäre nicht der Weg in den Atheismus überzeugender, statt einen bösen Gott anzunehmen? Manche behelfen sich, indem sie unterstellen, Gott tue einfach gar nichts. D. h., er nimmt keinen Anteil an seiner Schöpfung, genauso wenig wie der Gärtner an den Würmern im Garten, wenn er Blumenbeete anlegt. Aber ist nicht auch das böse? Und die religiösen Moralbegründungen würden dann natürlich scheitern, die voraussetzen, dass es einen moralischen Gott gibt. Da die religiösen Moralen häufig die Hauptgegner jedweder Interessenethik sind, will ich mich mit ihren Grundlagen beschäftigen. Die Frage nach der Existenz eines moralischen Gottes und die Frage nach der richtigen Moral sind direkt miteinander verbunden. Eine Interessenethik, die das höchste Gut im Wohlergehen findet, also in menschlichen oder auch tierischen Interessen, kann nicht gerechtfertigt werden, wenn eigentlich nur Gottes Wille und Wohlergehen (also Gottes Interessen) zählen.

Um das Theodizeeproblem loszuwerden, haben die Theisten, die Gott verteidigen wollen, genau drei Möglichkeiten:

1. Die Verteidigung: Man findet einen Weg, den auf den ersten Blick bestehenden Widerspruch zwischen den Aussagen aufzulösen, dass Gott allmächtig, allwissend, allgütig ist und dass Übel auf der Erde existiert.

2. Der Rückzug: Man lässt eine oder mehrere der gerade genannten Eigenschaften Gottes fallen.

3. Der Gegenangriff: Man verbietet die ganze Frage nach einer Rechtfertigung Gottes als Anmaßung.

Alle drei Strategien scheitern.

Manche Theologen meinen auch jenseits von Fieberträumen, dass das Übel »konstruktiv« sei: Das Übel sei zwar theoretisch durch Gott vermeidbar, aber es wäre schlecht, wenn Gott diese Möglichkeit genutzt hätte. Das Übel sei kein ungewollter, aber leider doch geschehener Lapsus des Schöpfungsaktes. Es sei vielmehr ein bewusst und willentlich von Gott eingesetztes Instrument, das den Menschen den Stoß in die richtige Richtung geben und sie zum Guten befähigen solle. Machen wir uns das klar: Gott hat demnach Hitler nicht an einer Blutvergiftung sterben lassen, die dieser sich als kleiner Junge beim Schnitzen eines Esels für die Krippe zuzog, weil Gott den Nationalsozialismus wollte, damit wir uns moralisch mit ihm auseinandersetzen können. Dieser Gedanke ist allerdings so – na sagen wir groß –, dass er einem die Sprache verschlägt. In dieser Logik weitergedacht: Gott hat die Naturkatastrophen genauso wie etwa den durch die Menschen verursachten Zweiten Weltkrieg geschehen lassen, damit wir z. B. Tugenden wie Verantwortung, Solidarität, Mitgefühl, Tapferkeit und Ausdauer ausbilden können.

Der australische Philosoph John Mackie kritisiert das und unterscheidet dazu zwei Sorten von Übeln[3]: Die absorbierten und die nicht absorbierten. Absorbierte Übel sind solche, die durch einen höheren Zweck aufgewogen werden, den sie ermöglichen. So etwa der Fall, wenn Erdbeben zwischenmenschliche Solidarität und Hilfsbereitschaft erzeugen, sodass sie letztlich gar keine Übel mehr sind, da sie diese Tugenden erschaffen. Allerdings gibt es zahllose Übel und Leiden,

---

[3] Mackie 1987, 246.

die nicht absorbiert werden. Erst einmal gibt es eine Menge an Übel, von dem der direkt von ihm Betroffene nichts lernen kann. Beispielsweise kann der Betroffene im Koma liegen oder durch eine Behinderung denkunfähig sein, sodass er aus seinem Zustand keine Konsequenzen für sein Leben ziehen kann. Das gilt umso mehr für einen verfrühten Tod. Wieso wurde das kleine Kind beim Erdbeben getötet und nicht nur verstümmelt, um lebenslänglich davon zu profitieren? Das heißt, dass für den jeweils Betroffenen häufig kein Nutzen aus seinem Leid resultiert. Die These vom konstruktiven Leiden müsste zeigen, dass das Leiden für jeden einzelnen Fall und für jede einzelne Person einen Gewinn birgt, sonst wäre Gott nicht gerecht. Das ist schlichter Wahnsinn.

Die einzig verbleibende Möglichkeit, diese These zu verteidigen, besteht darin, sie instrumentalistisch zu verstehen. Das heißt, man behauptet, dass das Leiden eines Betroffenen ihm selbst manchmal keinerlei Nutzen verschafft, aber dass andere dadurch Vorteile und Lernerfolge verbuchen können. Der leidende Mensch wird zum Bilderbuch für das Heil anderer Menschen degradiert. Wenn man das verteidigt, gibt man die Vorstellung eines gerechten Gottes auf. Ein gerechter Gott wird all seine Geschöpfe nach gleichen Prinzipien behandeln und nicht Unschuldige für andere opfern. Diese Gleichheit schafft auch sehr viel Glück, denn nichts erregt die Gemüter so, wie ungerecht behandelt zu werden: Bei jedem Kindergeburtstag gibt es Tränen, wenn der Kuchen ungleich geschnitten ist. Selbst wenn man den Instrumentalismus jedoch tolerieren würde, wäre die Strategie zur Verteidigung des konstruktiven Übels erfolglos. Es gibt sehr viel Leid, das für niemanden Nutzen bringt. Alles Leid, das nicht bekannt wird, fällt in diese Kategorie.

Fazit: Die These des konstruktiven Leidens erweist sich als völlig unzureichend.

Eine andere, ja vielleicht die bekannteste Verteidigung Gottes besagt: Das aus bösen Handlungen (etwa Krieg oder Verbrechen) resultierende Leid ist gerechtfertigt, weil nur dann ein *freier Wille des Menschen* existieren kann, wenn die Möglichkeit besteht, Leid durch böse Handlungen zu verursachen. Der freie Wille ist demnach ein derartig hohes Gut, dass er all die Übel wert ist, die ihn möglich machen. *Nur wenn wir zwischen Gut und Böse wählen und beides in die Tat umsetzen können, sind wir wirklich frei,* so das Argument. Gott wäre damit von der *Verantwortung* für das moralische Übel, das aus menschlichen Handlungen resultiert, befreit, denn wir Menschen selbst sind schuld daran.

Aber auch so funktioniert es nicht. Erstens: So wird das *natürliche Übel* nicht erklärt, das nicht aus moralischem Versagen, sondern aus Erdbeben, Sturmfluten usw. stammt. Warum lässt Gott dieses Übel zu, an dem Menschen keine Schuld haben? Einige Theisten holen an dieser Stelle den staubigsten Ladenhüter, den sie haben, heraus: die Erbsünde, also eine alte Schuld, für die auch heute noch alle Menschen bestraft werden. Diese archaische Form der Sippenhaft ist aber selbst ein Problem, da hoffnungslos ungerecht. Kein Wort mehr dazu.

Zweitens: *Alle* Menschen leiden in irgendeiner Form unter den schlechten Handlungen anderer Menschen. Aber etwa *geistig behinderte Menschen haben keinen freien Willen als* »Belohnung« *für dieses erlittene Leiden erhalten.* Für sie wird ihr Leiden nicht durch einen freien Willen kompensiert. Ist Gott gerecht, wenn er das zulässt?

Drittens: *Oft wird das Gute gewählt, aber es entwickelt sich Böses daraus* (so waren die Absichten des Sozialismus gut, aber die Folgen in vielen Teilen der Welt schrecklich, nicht weil man das frei gewollt hätte, sondern weil die Welt so unberechenbar ist. Warum ist sie das aber?).

Viertens: Wenn wir – aus unerklärlichen Gründen – so beschaffen sind, dass das Böse gebraucht wird, müssten wir es dafür doch nicht ausführen. Um frei zu sein, würde es ausreichen, wenn wir so viel mehr Vernunft hätten, *das Böse im Kopf zu simulieren* und dann frei zu verwerfen, ehe wir es tun. Sind nicht böse Taten, sondern allenfalls böse Gedanken für Freiheit nötig? Gott müsste uns dann mit mehr Vernunft und Empathie ausgestattet haben. Wäre das kein Eingriff in unsere Freiheit? Nein, denn Gott hat uns sowieso mit einem gewissen Grad an Vernunft und Empathie ausgestattet, als er uns in die Welt setzte, und dieser seit Adam und Eva etablierte Grad beeinträchtigt unsere Freiheit offenbar nicht. Wenn Gott einen höheren Grad dieser sympathischen Tugenden gewählt hätte, der uns nicht unausweichlich zum Guten zwingt, was wäre dann so grundlegend anders gewesen?

Fünftens: *Ob es überhaupt einen freien Willen gibt, ist umstritten.* Viele Neurowissenschaftler und Philosophen äußern hier Zweifel. So kann man durch die Stimulation bestimmter Hirnareale eine Handlung einer Versuchsperson erzeugen, etwa den Griff nach einem Glas. Diese Handlung wird von der Versuchsperson registriert, aber nicht etwa als etwas, das ihr aufgezwungen wird. Die Person meint nämlich, sie habe auf eigenen freien Entschluss hin zum Glas gegriffen. Während man also denkt, man selbst habe gehandelt, war man in Wahrheit durch körperliche Ursachen gesteuert. Der leicht gruselige Gedanke liegt nahe, dass das nicht nur im Versuch, sondern auch im echten Leben der Fall sein könnte. Warum? Weil uns die Naturwissenschaften zeigen, dass alles in der Welt verursacht (»determiniert«) oder rein zufällig ist. In der Natur wirken Gesetze und bislang ist keine »Lücke« in diesen gefunden worden, in welcher ein nicht verursachter menschlicher Wille Platz hätte. Aber genau das widerspricht dem, was wir häufig unter *Freiheit* oder genauer *Willensfreiheit* verstehen: die Fähigkeit, etwas nur aus uns heraus zu beginnen, erste Beweger in einer Handlungskette zu sein. Das naturwissenschaftliche Weltbild widerspricht damit unserer Selbsterfahrung direkt. Wir empfinden uns als freie Wesen, die eine Wahl haben, sonst wäre es ja auch nichts mit dem Anspruch, »Krone der Schöpfung« zu sein. Natürlich hätten wir uns heute beim Frühstück entscheiden können, das Ei auch wegzulassen, keine Frage, und deshalb tragen wir die Krone! Hier scheint die Kluft zwischen Alltagserfahrung und Wissenschaft unüberbrückbar.

Und nicht nur der Determinismus bereitet uns Kopfschmerzen unter der Krone: In unserer Welt ist nach Meinung der Naturwissenschaftler entweder alles determiniert oder es geschieht zufällig. In beiden Fällen ist Willensfreiheit ein Problem. Wenn alles auf der Welt durch Ursachen bedingt ist, dann ist auch unser »freier« Wille verursacht und mit einer Willensfreiheit jenseits der Naturkausalität sieht es schlecht aus. Läuft die Natur jedoch nicht so deterministisch ab, was auch manche Quantenphysiker meinen, hilft das genauso wenig weiter: Dann würde nämlich der Zufall die Welt regieren. Aber freie Handlungen verstehen wir nicht so, dass sie zufällig entstehen, sondern so, dass wir selbst sie verursachen. Mein freier Entschluss bedingt, ob ich das Frühstücksei esse oder nicht. Entstünden meine Entscheidungen zufällig, also unbeeinflusst von meinen sie verursachenden Wünschen und Überlegungen, wieso wären es dann noch meine Entscheidungen? Sie wären dann nicht das Produkt meiner Erwägungen und stünden in keiner anderen Verbindung mit mir, als eventuell zufällig in meinem Kopf entstanden zu sein. Ob die Welt also deterministisch ist oder nicht, für die Willensfreiheit bleibt auf den ersten Blick kein Platz, was für das Theodizeeproblem fatal wäre: Wir zahlen täglich brav unseren Preis der Freiheit, wenn uns andere den Liegeplatz in der Sonne wegnehmen. Wir meinen, unseren Lohn dafür einzustreichen, und schreiben Gedichte über unsere Freiheit – aber genau betrachtet ist das alles nur ein Schwindel, der Lohn ist ein Phantom und unsere Gedichte sind Papierverschwendung.

Kann man den gordischen Knoten des Freiheitsproblems zerschlagen? Viele Philosophen meinen gemeinsam mit David Hume: Ja![4]

Das Freiheitsproblem

Freiheit/Definitionen:
Handlungsfreiheit: Keinen äußeren Zwängen unterliegen und so nach den eigenen Entschlüssen handeln können.
Willensfreiheit: Sich selbst bestimmen können, Freiheit von inneren Zwängen, Entschlüsse selbst bilden können.

Das Problem:
Selbstverständnis: Mein Handeln kann allein aus meinem Willensentschluss (der sich nicht durch Zufall oder Gene erklärt) entspringen. Ich hätte auch ganz anders handeln können.
↔
Naturwissenschaft: Ursachen gehen auf andere Ursachen zurück. Es gibt keine Verursachung aus dem Nichts heraus, Verursachung ist Umwandlung schon existierender Energie, die nicht neu erzeugt werden kann (Energieerhaltungssatz). Falls es nicht verursachte Prozesse gibt, verlaufen sie rein zufällig.

---

[4] Guckes 2003, 1. Kapitel.

Philosophische Positionen dazu:

Kompatibilisten (David Hume 1711–1776):

Determinismus und Freiheit sind kompatibel.

a) *Deterministischer Kompatibilismus:* In einer nicht determinierten Welt gäbe es keine Freiheit. Nur wenn eine Handlung durch meine Wünsche etc. verursacht wurde, ist sie meine. Je nachdem, ob die Welt als indeterministisch oder deterministisch eingestuft wird, gibt es dann Freiheit oder nicht.

b) *Einfacher Kompatibilismus:* Freiheit ist mit Determinismus und Indeterminismus vereinbar.

Inkompatibilisten:

Determinismus und Freiheit sind nicht kompatibel:

a) *Libertarier* (Immanuel Kant 1724–1804): Handlungen entspringen im naturwissenschaftlichen Sinn unverursacht aus reinem Willensentschluss, und der Determinismus ist falsch.

b) *Impossibilisten:* Libertarisches Freiheitsverständnis ist richtig, aber solche Freiheit gibt es nicht, da sie weder mit Determinismus noch mit völligem Indeterminismus kompatibel ist und die Naturwissenschaft die Welt richtig beschreibt.

Der philosophische Königsweg wird durch ein pompöses und silbenreiches Fremdwort bezeichnet: »Kompatibilismus«.

Determinismus und Freiheit sollen kompatibel sein, sich also nicht mehr ausschließen, wenn man genauer hinschaut, was wir unter »Freiheit« verstehen. Für Freiheit sei es genug, nach den eigenen Entschlüssen handeln zu können. Oder kritisch gewendet: Wir müssen den Begriff der »Freiheit« zur bloßen Handlungsfreiheit abschwächen, wenn wir ihn weiterverwenden wollen. Willensfreiheit »im starken Sinne«, die eine Lücke in der Naturkausalität annimmt, wird dann nicht mehr vertreten.[5] Aber gerade von diesem starken Freiheitsbegriff geht der Theismus aus, der behauptet, ich hätte auch für das Gute entscheiden können, als ich für das Böse entschieden habe. Also: Es ist strittig, ob die Freiheitsunterstellung stimmt, von welcher der Theist ausgeht.

Sechstens: Gott hat einen freien Willen, und er tut das Böse nicht. Gott muss erstens einen freien Willen haben, denn sonst würde er unter irgendeinem Zwang stehen, was mit der These seiner Allmacht nicht vereinbar wäre. Gott darf zweitens nichts Böses tun, ansonsten wäre er nicht allgütig. Also ist ein freier Wille ohne böse Taten möglich. Wieso hat Gott diese Möglichkeit nicht für die Menschen fruchtbar gemacht, wenn er das Übel so verabscheut? Eine häufige Antwort darauf lautet: Weil er keine anderen Götter schaffen wollte. Aber warum nicht? Abhängige Geschöpfe, die auf den Knien liegen und bitten sollen, sind keine auf die Dauer wertvollen Sozialkontakte. Gespräche auf Augenhöhe sollten viel interessanter für Gott sein. Welcher Vater hat ein Interesse, auf Dauer abhängige und ungleichwertige Kinder zu haben? Offenbar nur ein kranker Vater, sodass man sich ernstlich Sorgen um Gottes psychische Gesundheit machen muss, falls er existiert. Ist die ganze tradierte Geschichte vom lieben Gott und seinen ihn anbetenden Kindern nicht moralisch anrüchig und narzisstisch?

Fazit: Die berühmteste Verteidigung scheitert und alle weniger berühmten lassen sich im Rahmen der Strategie, die ich »Verteidigung« genannt habe, ebenfalls nicht halten.

---

[5] Bieri 2003.

Viele Theologen wissen das und glauben stattdessen: Gott konnte unsere Welt einfach nicht wesentlich besser erschaffen, als sie ist. Er ist nicht allmächtig, das Schlaraffenland war zu viel für ihn. Gott hatte lediglich die Wahl, Menschen mit all ihren Fehlern und Vorzügen zu erschaffen oder gar nicht. Allerdings sind die Folgen dieser Rückzugsstrategie für den Gläubigen verheerend. Ein Glaube an Gott hat nur dann einen praktischen Sinn für die meisten Gläubigen, wenn Gott eine Person ist, welche die einzelnen Menschen kennt und eine persönliche Beziehung zu ihnen unterhält. Nur so macht es Sinn, zu behaupten, dass Gott den Gläubigen liebt und ihm durch seine Liebe einen Lebenssinn gibt. Gott muss zudem seine Gebete erhören können und die Möglichkeit haben, ihm das ewige Leben zu gewähren. Das sind die elementaren Fähigkeiten Gottes, die den Glauben für die Gläubigen begründen. Vieles davon kann ein Gott mit beschränkter Allmacht nicht mehr. Ohne diese Fähigkeiten wird Gott wieder zum Gärtner, der sich seinen Würmern gegenüber gleichgültig verhält. Im Fachjargon sind wir beim Deismus angekommen, der zwar eine Existenz Gottes anerkennt, allerdings nicht an dessen Wirken in der Schöpfung glaubt. Allenfalls kann man mit dem evangelischen Theologen Jürgen Moltmann darauf bestehen, dass der liebe Gott ohnmächtig und quasi ans Kreuz gefesselt mit uns leidet. Das mag uns trösten, aber dass der Gärtner zum Umgraben gezwungen ist und jeden Wurm höchst individuell bedauert, schafft zwar einen Moment der Wärme, aber dann ist's mit dem Wurm auch schon vorbei…

Vor allem stellt sich besonders eine Frage: Wie machtlos müsste Gott sein, um dem Theodizeeproblem zu entgehen?

Hätte Gott die Macht, konkret ins Weltgeschehen einzugreifen, so wäre dieses Problem nicht gelöst. Wir würden weiter die Frage stellen können, wieso Gott Hitler nicht an einer Blutvergiftung sterben ließ. Wenn eine eingeschränkte göttliche Allmacht das Problem lösen soll, dann nur, wenn sie radikal eingeschränkt wurde. Für all die Einzelfälle, die wir nicht mit Gottes Güte vereinbaren können, muss Machtlosigkeit die Erklärung bieten. So bleibt zum Schluss ein Gott übrig, der offensichtlich sogar weniger Macht besitzt als wir Menschen. Wir können jedenfalls in zahlreichen Einzelfällen eingreifen. Demzufolge wird Gott vonseiten mancher Theologen auch bescheinigt, dass er nicht einmal die Macht habe, eine Gewehrkugel von ihrem Kurs abzubringen. Aber das ist nicht mehr der donnernde Weltenschöpfer der Bibel, zu dem die Menschen jahrhundertelang voller Hoffnung gebetet haben. Der Gott der Bibel hatte die Macht, den Bittenden zu helfen und ihnen das ewige Leben zu geben. Letzteres ist zweifelsohne ein größeres Kunststückchen als eine Kugel abzulenken. Was nützt es folglich, das Theodizeeproblem zu lösen, aber Gott dabei zu verlieren?

Theodizee – eine verbotene Frage?

Der allmächtige Gott kann und darf nicht zum Gegenstand einer menschlichen »Gerichtsverhandlung« gemacht werden, meinen die Theisten, die zum Gegenangriff ansetzen. Er sei den menschlichen Maßstäben immer schon entzogen, seine Güte sei nicht die unsere. Wenn aber Gottes Güte etwas ganz anderes ist als das, was wir unter Güte verstehen, was für einen Sinn hat es dann, den Begriff der »Güte« noch zu gebrauchen? Das ist nichts anderes, als zu sagen: Wenn Gott einen Kreis zeichnet, ist das für uns ein Dreieck. Wenn Gott nicht »in unserem Sinne« gütig ist, dann ist er es überhaupt nicht. Sonst wäre es vorstellbar, dass ein nach unserer Begrifflichkeit sadistisches Handeln für Gott »gütig« wäre, weil sein Maßstab für Güte nicht der unsere ist. Alles, was Gott tut oder tun könnte, wäre demnach mit seiner Allgüte verträglich und das wäre doch ein bisschen empörend.

Darüber hinaus weist diese Strategie die Vernunft als Maßstab in Sachen Theodizee zurück. Genau diese Vernunft haben wir aber gerade gegen die fragliche Position angewendet. Das wird von ihren Vertretern jedoch als illegitim verurteilt. Die dritte Strategie stellt demnach einfach ein Frageverbot in den Raum. Das ist nicht gerade zeitgemäß. Eigentlich haben wir solche Dogmen auf dem Müllhaufen der Weltgeschichte entsorgt. Ein Atheist deutet dieses Manöver wie folgt: Weil der Glaube einer vernünftigen Kritik an seiner Achillesferse nicht standhalten kann, zieht er sich dogmatisch hinter die Grenzen der Vernunft zurück. Für den Atheisten ist nun ein Werturteil gefordert. Wenn man die Kritik schätzt, kann man sie nicht einfach suspendieren. Immerhin ist neben dem naturwissenschaftlichen Fortschritt auch die Befreiung aus autoritärer Herrschaft ein Verdienst des kritischen, demokratischen Denkens. Es ist keine folgenlose Handlung, die Kritik zu verbieten und dem Dogma Vorrang zu geben. Immerhin war dies die Grundeinstellung der Inquisition des Mittelalters und der frühen Neuzeit! Hier treffen zwei Weltbilder aufeinander: Mittelalter oder Moderne? Man muss sich zwischen diesen Weltbildern entscheiden, und diese Entscheidung hat beträchtliche Folgen. Nicht zuletzt weil es eine Illusion ist, dass dieselben Menschen, denen auf der einen Seite das kritische Denken verboten wird, auf der anderen Seite Stützen einer aufgeklärten Gesellschaft sein können. Daher fordern auch viele Theologen wie Hans Küng: »Kein blinder, sondern ein verantwortbarer Glaube: Der Mensch soll nicht geistig vergewaltigt, sondern mit Gründen überzeugt werden, damit er eine verantwortete Glaubensentscheidung fällen kann.«[6]

Folgt man dennoch dem »Gegenangriff«, dann muss man das eigene Denken auf die Stufe der Inquisition zurückstellen (was, so behaupte ich, gar nicht funktioniert, wenn man es bewusst tut). Oder man muss schlichtweg akzeptieren: Wenn es Gott gibt, dann ist er ein Gott, dem die Menschen bestenfalls völlig gleichgültig sind oder der ihnen schlimmstenfalls Böses will. An einem gleichgültigen Gott werden wir unsere Moral aber ebenso wenig ausrichten können wie an einem bösen. Für die Ethik verliert Gott damit jede Autorität, wenn wir überhaupt noch daran festhalten wollen, dass es ihn gibt.

Aber »Woher kommt die Welt, wenn nicht von Gott?«. Viele Menschen glauben nicht an die Zufälle, denen die Physik ihr Entstehen zuweist. Allerdings: Letztlich ist ein ewiger Gott genauso unvorstellbar wie ein ewiger Zyklus von Universen. Wir können bei beiden immer wieder die Frage »Und woher kommt das?« stellen und uns ab einem gewissen Punkt eine Antwort nicht mehr vorstellen. Hier sind Gottesglaube und Physik gleichermaßen unvorstellbar. Und selbst wenn es einen Gott braucht, um zu erklären, wie die Welt entstanden ist, sagt das nichts darüber aus, dass dieser Gott auch moralisch ist. Ein bloßer Schöpfergott könnte auch ein böser Dämon sein. Und erst ein moralischer Gott hat Relevanz für unsere Lebenspraxis, erst er könnte sich wohlwollend um uns kümmern.

Fazit: Unsere Untersuchung zeigt, ein moralischer Gott existiert offenbar nicht und damit wird die Gottesfrage uninteressant für unsere Praxis. Die religiöse Ethik, die unsere Alltagsmoral an vielen Stellen entscheidend mitbestimmt, ist dann ebenfalls nicht zu rechtfertigen, was auch kein gutes

---

[6] Küng 1983, 582.

Licht auf eben diese Elemente der Alltagsmoral wirft. Diese Moral setzt sich ja aus christlichen Gedanken, die unter den Einfluss einiger Ideen der Aufklärung geraten sind, zusammen. Kernbestände wie die »Heiligkeit des Lebens« wurden nahtlos aus dem Christentum übernommen und werden nicht umsonst von theologisch beeinflussten Denkern wie Albert Schweitzer ausgearbeitet.

Alltags-/Common-Sense-Moral

Global, kulturell oder schichtspezifisch weit verbreitete moralische Überzeugungen, die den Anschein erwecken, zeitlos und universell gültig zu sein. Sie sind stattdessen beeinflusst durch Religion, Schichtzugehörigkeit, kulturelle Identität, Lebensraum etc. Der Grad der Verbreitung ist meist nur geschätzt, nicht empirisch erforscht. Sie sind de facto starkem Wandel unterworfen: In der Sexualmoral im viktorianischen England galt Masturbation als so schlecht, dass sie sogar als Todesursache in Krankenakten vorkommt. Etwas, das heute unvorstellbar ist.

Gleichwohl gibt es auch einige *Intuitionen* (d.h. ohne Rechtfertigung als wahr unterstellte Meinungen, meist auf Gefühlen basierend) aus der Alltagsmoral, die zum Kernbestand der Moral gehören, etwa dass alle Menschen in der Moral zählen, dass vielen Menschen zu helfen wichtiger ist als wenigen, dass Leid schlecht ist.

---

2. KAPITEL
VERDIENT DER ALKOHOLIKER
EINE NEUE LEBER?

Was ist Moral und was ist Pareto-Effizienz?

Aus den Lautsprechern eines OPs dudelt die Titelmelodie der Fernsehserie »Dallas«, während auf dem OP-Tisch ein Schauspieler mit völlig kaputter Leber auf eine Organtransplantation wartet. Eine bizarre Szene, wie sie nur in den USA möglich ist. Larry Hagman alias J. R. Ewing wird 1995 die Leber eines 29-jährigen Unfallopfers transplantiert. Hagman hatte zuvor »gesoffen wie ein Loch« und seine eigene Leber zerstört. Verdient er ein neues Organ?[7]

Die Frage scheint berechtigt, zumal die Möglichkeit besteht, dass ein anderer Patient die Leber ebenfalls dringend benötigt. Versetzen wir uns also in ein Krankenhaus, in dem ein Schluckspecht wie Larry Hagman und ein Abstinenzler auf eine Spenderleber warten. Hat der Abstinenzler das Organ eher verdient, weil der Trinker seinem Körper selbstverschuldet Schaden zugefügt hat? Man könnte vielleicht so argumentieren – wäre das Trinken nicht auf eine Suchtkrankheit zurückzuführen. In diesem Fall sollten wir jedoch Folgendes klären: Wie zwanghaft ist seine Sucht? Wir müssen die Biographie des Trinkers analysieren – und begeben uns so auf den Weg zu einem moralischen Urteil mit vielen Unwäg-

---

[7] Eine immer noch gute Übersicht zum Thema Organspende findet sich in: Ach, Quante 1997.

barkeiten: Wie sollen wir messen, wie stark eine Sucht die Verantwortung mindert? Zumal im Einzelfall, bei diesem Menschen mit dieser speziellen Lebensgeschichte? Aber die Probleme werden noch größer: »Ihr fragt doch eigentlich, wie ich bislang gelebt habe und ob ich deshalb verdiene, weiterzuleben!«, verteidigt sich der Trinker. »Ich war ein guter Mensch. Und was ist mit dem Herrn im Nebenzimmer? Wäre der ein Massenmörder, würdet ihr doch bestimmt sagen, ich hätte die Leber eher verdient, oder? Es ist doch so, dass nicht nur mein Trinken, sondern auch meine Lebensweise an und für sich zählt.« Die moralische Argumentation führt tatsächlich schnell ins Allgemeine, denn es stellt sich die Frage, ob der trinkende Mensch insgesamt eine neue Leber verdient. Einige Ethiker setzen hier an und meinen, das »ärmste Schwein«, hier also der mit der geringsten Lebenserwartung und den größten Schmerzen, verdiene am ehesten unsere Hilfe, sie sind Prioritaristen.

Prioritarismus/Verteilungsgerechtigkeit

Der Prioritarismus ist eine Möglichkeit, Verteilungsgerechtigkeit zu verstehen, und orientiert sich an Bedürfnissen.

Absoluter Prioritarismus: Soziale und ökonomische Ungleichheiten müssen sich zum größtmöglichen Vorteil für die am wenigsten begünstigten Gesellschaftsmitglieder auswirken.

Gewichteter Prioritarismus: Menschen zu unterstützen zählt umso mehr, je schlechter gestellt diese Menschen sind, je mehr dieser Menschen es gibt und je größer der betreffende Nutzen ist. Jedoch zählt die Zahl der Begünstigten umso weniger, je wohlhabender sie sind.

Andere wichtige Modelle der Verteilungsgerechtigkeit sind folgende:

Egalitarismus: Gleichheit hat allein *(absoluter Egalitarismus)* oder unter anderem *(gewichteter Egalitarismus)* intrinsischen Wert. Sie ist nur durch einen Vergleich der Individuen feststellbar. Da aber eine Ungleichheit meist durch ungleichen Verdienst begründet wird, richtet sich der Egalitarismus meist gegen unverdiente Ungleichheiten.

Suffizienziarismus: Gerechtigkeit bedeutet, alle Menschen über einen Schwellenwert hinaus, den zu überschreiten für ein gutes Leben nötig ist, z.B. mit Gütern auszustatten. Der Suffizienziarismus orientiert sich an Bedürfnissen: Jeder soll »genug« haben, um ein gutes Leben zu führen, und alles, was über das Überschreiten einer Schwelle zum guten Leben hinausgeht, ist kein Gerechtigkeitsproblem mehr.

Libertarische Gerechtigkeit:
Gerechtigkeit besteht, wenn Güter regelkonform erworben wurden, gleichgültig ob das unverdiente Ungleichheiten zur Folge hat oder Bedürfnisse ignoriert.

Gelangen wir an den Punkt, an dem wir das gesamte Leben beider Patienten moralisch bewerten müssen, fehlen uns jedoch viele verlässliche Informationen. Wenn Institutionen darüber entscheiden, wer ein neues Organ erhält, dann können solche Instanzen unmöglich die komplette Biographie eines Patienten bewerten. Wo sollen sie diese Informationen hernehmen und zugleich auf ihre Glaubwürdigkeit prüfen?

Kritiker der Entscheidung, Hagman die Leber zu geben, meinen, dann müsse man eben andersherum fragen: nach der Zukunft des Patienten. Wie stehen die Aussichten, dass ein Organempfänger von der neuen Leber profitiert? Der Trinker versaufe schlicht auch seine neue Leber, könnte man meinen. Larry Hagman hatte zwar seine Sucht im Griff und starb als alter Mann, nachdem er noch einen unsterblichen Beitrag zur Filmkultur geleistet und eine finale Folge »Dallas« gedreht hat. Dieser Trinker sei aber ein Einzelfall und statistisch gesehen sei die Rückfallquote bei Alkoholikern hoch, lässt sich einwenden. Das mag wahr sein, und tatsächlich werden Zukunftsperspektiven – anders als der Lebensverdienst – in den aktuellen Richtlinien für die Organspende berücksichtigt, aber von der ursprünglichen Frage, ob Hagman seine Leber verdient hat, sind wir inzwischen weit entfernt, wenn wir nur noch berücksichtigen, wie viel Nutzen welcher Patient aus der neuen Leber ziehen kann. Das ist etwas ganz anderes und das zeigt, dass diese vom Utilitaristen favorisierte Frage die eigentlich wichtige bei der Vergabe der Organe ist.

Verdient der Alkoholiker also eine neue Leber? Weil die Frage nach dem Verdienst stets auf die Vergangenheit gerichtet ist, kann es gut sein, dass die Antwort »Ja!« lautet. Warum? Weil jeder Mensch ein neues Organ verdient, solange man nicht Ausnahmen begründen kann. Aber diese Ausnahmen kann man nur sehr schwer belegen und im Zweifelsfall ist für den Angeklagten zu entscheiden. Kaum jemand kann das Ausmaß einer Sucht genau bestimmen und kaum jemand wird sich bei einem Patienten befleißigen, eine vergleichende Bilanz der moralischen Verdienste dieses Lebens zu erstellen. Ob nicht Nutzenerwägungen gegen die neue Leber für den Trinker sprechen, ist eine andere Frage.

Sollen nur Menschen, die selbst einen Spenderpass haben, Organe erhalten?

Wer die Frage nach dem Verdienst nicht aufgeben will, muss über das lieb gewonnene Alkoholikerbeispiel hinausdenken. Ein geeignetes, weil messbares Kriterium der Selbstverantwortlichkeit könnte lauten: Nur der verdient ein neues Organ, der selbst bereit ist, eigene Organe zu spenden.[8] Zum einen scheint das gerecht zu sein: Man bekommt nur etwas, wenn man bereit gewesen wäre, Gleichwertiges zu geben. Gleichzeitig soll mit dieser Argumentation die Spendenbereitschaft drastisch erhöht werden.

Letztlich sind diese Gedanken von sogenannten Vertragstheorien motiviert. Ich gebe nur etwas her (das Einverständnis zur Organentnahme), wenn ich mir davon einen Vorteil für mich selbst verspreche (bessere Chancen, als Bedürftiger ein Organ zu erhalten). Der englische Staatstheoretiker und Philosoph Thomas Hobbes ist der Ahnherr dieser leicht bedenklichen Denktradition, die Moral mit ihrem Gegenteil, nämlich Egoismus, kurzschließt. Bei Hobbes gebe ich meine Macht, dich zu berauben und zu töten ab, wenn du sie auch abgibst. Der Staat erhält stattdessen das Gewaltmonopol. Damit haben ich und du eine Art Vertrag zum wechselseitigen Vorteil geschlossen, denn beide haben wir nun den Vorteil, eine sichere Existenz zu führen und unseren Besitz in Ruhe genießen zu können. Moral und Recht funktionieren in dieser Logik wie auf einem Basar. Aber: Wer nichts zu tauschen hat, mit dem wird nicht getauscht. Denn mit Habenichtsen bzw. Machtlosen zu tauschen brächte mir keinen Vorteil. Zukünftige Generationen, Tiere und Behinderte besitzen also keinen moralischen Schutz. Was das ergibt? Eine »Moral« aus egoistischem Antrieb und nur für Starke. Ob man das »Moral« nennen kann, ist unklar, denn wenn wir davon ausgehen, dass Moral auch das Wohlergehen unserer Mitmenschen im Blick hat, ist so etwas keine wirkliche Moral. Und selbst wenn es sich um eine Moral handelte, dann wäre sie erbärmlich, denn viele erfreuliche Gemüter haben die Überzeugung, die Moral habe gerade die Schwachen zu schüt-

---

[8] Kliemt 1993.

zen. Vertragstheoretiker meinen jedoch, diese seien keine Vertragspartner, da sie keine Macht hätten, uns zu schaden.

Vertragstheorie/Kontraktualismus

Theorie der normativen Ethik und Staatsphilosophie. Geht auf die Staatstheorie von Thomas Hobbes (1588–1679) zurück. Verträge (über die Bildung von Staaten, dann bei späteren Denkern über die Moral) werden allein zum wechselseitigen Vorteil geschlossen, d.h., wenn der Eigennutzen so (langfristig) gemehrt werden kann. Vertragspartner sind nur Wesen, die das eigene Wohl mindern könnten. Es zählen nur die Konsequenzen von Handlungen für das Eigenwohl.

Doch zurück zum Thema Organspende: Würden wir einen todkranken Nierenpatienten ohne Spenderausweis tatsächlich nicht retten und eine verfügbare Niere stattdessen einem Clubmitglied geben, das mit der Dialyse noch gut zurechtkommt? Natürlich nicht! Alles andere wäre keine gute Idee, da eventuell ein wenig hartherzig. Zudem würden wertvolle Organe da eingesetzt, wo sie nicht den größten Effekt erzielen. Wohlergehen würde verschwendet, nicht maximiert. Da sieht man, dass auch der Utilitarist eine wichtige Intuition mit auf die Waage legen kann, seine Position ist nicht nur eine kalte Kopfgeburt. Also taugt die Clubidee nur bedingt. Sie erhöht die Spenderzahl, aber führt auch zu »Fehlallokationen«, d.h., dass oft der Falsche das Organ erhält. Richtig an der Idee ist aber, dass sie das Ziel unterstützt, möglichst vielen bedürftigen Patienten ein Organ zu verschaffen. Schließlich warten etwa 12 000 Menschen in Deutschland auf Organe, doch nur etwa 3000 Organe sind pro Jahr verfügbar. Diese Zahlen bedeuten den Tod sehr vieler Patienten, die über lange

Zeit hin vergeblich auf ein Spenderorgan gehofft haben. Mehr Spender zu gewinnen hat daher höchste Priorität. Das Wissen ist beklemmend, dass unzählige lebensrettende Organe weggeworfen werden, weil viele Menschen zu feige sind, sich mit ihrem Tod auseinanderzusetzen. Ein weiterer Grund, dafür nicht zu spenden, besteht darin, dass es Angehörige stark belastet, wenn sie sich vorstellen, wie ein Leichnam geöffnet und zerschnitten wird. Dabei handelt es sich um denselben Leichnam, der einige Tage später verfaulen oder verbrennen muss. Das sollte den Angehörigen eine mindestens ebenso grausame Vorstellung bescheren. Der Verdacht liegt nahe, dass die Angehörigen einfach nur noch nicht akzeptiert haben, dass der Tote tot und sein Leichnam nicht mehr zu retten ist: Er wird zerstört werden, entweder vom Arzt oder vom Feuer oder von der Fäulnis. Um die Bibel etwas frei zu zitieren: Denn alles Fleisch, es ist wie Gras auf dem Komposthaufen.

Paretoeffizienz

Maßnahmen sind dann paretoeffizient, wenn sie Zustände erzeugen, in denen niemand besser gestellt werden kann, ohne einen anderen schlechter zu stellen.

Ein wichtiges ethisches Prinzip, das uns zu Kritikern dieser Angehörigen macht, trägt den Namen seines Entdeckers, des italienischen Nationalökonomen Vilfredo Pareto. Die Pareto-Effizienz besagt: Man sollte Nutzen zumindest dann vermehren, wenn dadurch niemand schlechter, aber mindestens einer besser gestellt wird. Das heißt konkret: Der Tote kann nichts verlieren, und viele Patienten können alles gewinnen, wenn transplantiert wird. Also: Skalpelle gezückt! Die

Pareto-Effizienz ist eines der plausibelsten und intuitiv zugänglichsten Prinzipien der ganzen Ethik.

Gibt es eine Pflicht zu spenden?

Ein Weg, um mehr Menschen dazu zu bringen, sich als Organspender registrieren zu lassen, wäre möglicherweise, der Bevölkerung mehr Moral einzuimpfen. Könnte man nicht sogar unter Zuhilfenahme der Pareto-Effizienz eine moralische Pflicht für jeden Einzelnen ableiten, Organspender zu werden? Würde das nicht die Welt besser machen und niemandem schaden? Zumindest darüber nachzudenken ist eine Verpflichtung, vor der man sich kaum drücken kann, wenn man moralisch sein will. Moralisch zu sein heißt eben, so zu leben, dass man die Interessen oder Rechte von anderen mitbedenkt und den eigenen Interessen entweder keinen oder zumindest keinen uferlosen Vorrang vor denen anderer Menschen gibt. Moralisch sein bedeutet, den Egoismus zumindest einzudämmen, und das zu wissen, legt den Grundstein für das Einmaleins der Moral.[9]

Moral

enger Begriff: Ein Standpunkt, der die Interessen bzw. Rechte von allen von einer Handlung Betroffenen (gleich) berücksichtigt.

weiter Begriff: Jede auf Konvention beruhende Verhaltensregel, die in einer Gesellschaft das Verhalten bestimmter Gruppen regelt.

---

[9] v. Kutschera 1982, 302 f.

Zwar vertrete ich damit eine bestimmte »enge« Definition von Moral, und es gibt andere, z. B. eine »weite«, die bei Soziologen und Ethnologen beliebt ist und nur die auf Konvention beruhenden Verhaltensregeln, die in einer Gesellschaft das Verhalten bestimmter Gruppen regeln, meint. Aber die enge Definition ist die mit unserem Alltagsverständnis am besten konforme: *Moral ist das Gegenteil von Egoismus.* Nur so lässt sich die biblische Kritik an diversen Wirten, die Maria die Herberge an Weihnachten verweigerten, rekonstruieren. Wenn wir egoistisch handeln, meinen wir in der Regel nicht, moralisch zu sein, und jammern oft über ein schlechtes Gewissen, gekoppelt mit schlechter Laune (wir nennen völlig egoistische Leute »unmoralisch«). Selbst wenn wir Moral auf die einschränken, die uns »near and dear« sind, legen wir für diese Gruppe den engen Begriff zugrunde; wir behandeln also unsere Kinder nicht irgendwie, sondern begünstigen sie und nehmen ihre Interessen ernst. Wenn wir dagegen die weite Definition akzeptierten, müssten wir den rituellen Mord an einer Jungfrau zugunsten der Regengötter, der auf einer Südseeinsel alljährlich stattfindet, genauso moralisch nennen wie die Praxis, ein Freiwilliges Soziales Jahr zu machen, und das wäre doch eventuell unerfreulich. Einige würden auch »unethisch« dazu sagen. Was ist damit gemeint? Die philosophische *Ethik* dient dazu, die Moral akzeptabel zu begründen, denn wenn Moral im Sinne der engen Definition verstanden wird, zeichnet sie nicht nur Verhaltensregeln nach, sondern vertritt Inhalte. Die müssen begründet werden und die Wissenschaft, die sich damit beschäftigt, ist die (normative) Ethik.

Wenn es nun wirklich so wäre, dass bei der Organspende die eigenen Interessen nicht geschmälert und die Interessen anderer gewaltig gefördert würden, dann spräche nichts gegen eine Spende. Natürlich ist es nicht ganz so einfach, es

Ethik/Normative Ethik

Im Alltag oft gleichbedeutend mit Moral verwendet.

In der Philosophie die Wissenschaft, welche die Moral begründet und als »normative Ethik« Antwort auf die Frage »Wie handle ich moralisch?« gibt.

Im weiteren Text lege ich jedoch den Alltagsgebrauch zugrunde.

kommen andere Überlegungen hinzu, etwa darüber, *ab wann der Mensch wirklich tot ist*. Dahinter steht primär die Angst, dass man selbst aufgeschniten wird, wenn man noch nicht tot ist, ein schmerzhafter Gedanke. Insbesondere da man weiß, dass Organe ein knappes Gut sind, befürchtet man, »bei lebendigem Leibe« ausgeweidet zu werden. Jedoch schließt der genormte Ablauf einer Transplantation das aus: Zwei Ärzte, die nichts mit der Transplantation zu tun haben, müssen unabhängig voneinander den Hirntod eines potenziellen Spenders festgestellt haben. Anschließend sprechen sie mit den Angehörigen, um zu klären, ob der Verstorbene seine Einwilligung für eine Organentnahme gegeben hat oder ob eine Organentnahme im Sinne des Verstorbenen wäre. Ist dies der Fall, untersuchen die Ärzte den Spender und geben die Daten an Eurotransplant weiter. Dort wird ein passender Empfänger für das Organ ermittelt. Wer trotzdem Druck auf die Ärzte befürchtet, sollte sich überlegen: Wenn die Zahl der Spender aufgrund der hier vorgeschlagenen Maßnahmen ansteigt, dann werden Organe nicht mehr knapp sein. Daher würde der Druck bei der Suche nach Organen gesenkt, und wirklich jeder könnte seine Sorgen fallen lassen, dass vorschnell transplantiert wird. Wenn man also die Pareto-Effizienz akzeptiert, sprechen viele Gründe dafür, selbst Spender zu werden.

Fazit: Die Gründe gegen Spenden beruhen oft auf falschen Vorstellungen vom Tod, auf Todesverdrängung und Bequemlichkeit, auf Ekelgefühlen und auf Misstrauen gegen die Administration. Das ist zwar alles relevant, und Missstände sollten behoben werden, aber Tausende von Toten jährlich rechtfertigt das niemals.

Angesichts rückläufiger Spenderzahlen sollte man zu ähnlichen Mitteln greifen, wie in anderen europäischen Ländern mit besserer Spenderstatistik: In Österreich gilt etwa *die Widerspruchslösung:* Jeder (Vorsicht Falle: auch der deutsche Autofahrer in Österreich) ist Organspender, es sei denn, er widerspricht dem. Das erhöht vermutlich die Spenderzahl und verringert jedenfalls zermürbende Auseinandersetzungen zwischen Ärzten und Angehörigen. Man könnte es ja einfach einmal mit dieser Lösung versuchen. Vielleicht bringt es uns auch dazu, sich mit der eigenen Sterblichkeit ein wenig zu befassen, kann ja nicht schaden…

3. KAPITEL

ZÄHLT MEINE TOCHTER NICHT MEHR ALS IRGENDWER IN NIGERIA?

Über Unparteilichkeit und Überforderung

Wozu verpflichtet Moral uns nun genau? Müssen wir uns völlig unparteilich verhalten, auch gegenüber Freunden und Familie? Und was bedeutet das überhaupt? Nun haben wir schon eine Definition von Moral gegeben: Die Rechte oder Interessen aller von einer Handlung betroffenen Menschen oder Lebewesen müssen (gleich) berücksichtigt werden. Das läuft auf das Ideal der Unparteilichkeit hinaus.

Unparteilichkeit

Wird in vielen Ethiken von den Menschen gefordert. Unparteilichkeit heißt, sich selbst und die, die einem nahestehen, »neutral«, d.h. wie Fremde zu behandeln.

Das klingt erst einmal prima. Schluss mit dem Klüngel, alle werden nach gleichen und transparenten Maßstäben behandelt. Aber je länger man drüber nachdenkt, umso mehr kommen die Bedenken: Das kann zu sehr hohen Förderungen führen. Soll ich ein mir unbekanntes Kind in Nigeria nach denselben Maßstäben behandeln wie meine Tochter? Kann ich dann noch rechtfertigen, dieser zu Weihnachten ein Puppenhaus mit separatem Pferdestall zu schenken, wenn ich für dasselbe Geld der jungen Nigerianerin eine lebensrettende Operation finanzieren kann? Das klingt nach Überforderung.

Überforderungseinwände

Diese werden gegen alle Ethiken, die unparteilich argumentieren, erhoben.

Dabei gibt es zwei Arten der Überforderung:

a) Faktische Überforderung: Es wird etwas gefordert, was wir physisch oder mental nicht leisten können.

b) Normative Überforderung: Forderungen, die mit wichtigen Werten kollidieren, etwa unserem eigenen Wohl oder dem unserer Familie, sodass wir diese Forderungen nicht erfüllen zu können glauben.

Alle Überforderungseinwände berufen sich auf den Grundsatz *Sollen bedingt Können*. Etwas kann nicht gesollt sein, wenn es undurchführbar ist.

Bei diesem Einwand beruft man sich allerdings nur zu gern darauf, dass etwas vermeintlich unmöglich ist. Es ergibt ja keinen Sinn zu fordern, ich solle übers Wasser gehen, da der Trick in der Bibel nicht ausführlich genug beschrieben wird. Jedoch: Oft könnte man schon z. B. viel spenden, aber man will es einfach nicht und beruft sich darauf, dass man »nicht kann«. Was im Kleingedruckten steht, ist der Zusatz: Man kann nicht, wenn man seinen bisherigen Lebensstil aufrechterhalten will. Natürlich gibt es psychische Grenzen unserer Belastbarkeit, nur dass kaum jemand weiß, wo die so liegen. Das verleitet zu Missbrauch von Überforderungseinwänden. Provokativ muss man jene, die auf Überforderung pochen, jedenfalls auch fragen: Überfordert es nicht auch die Nigerianer zu verhungern?

Ein anderer Ansatz, sich qua Überforderung herauszureden, wäre: Ich weiß darüber, wie ich die Not in Nigeria lindern kann, nicht so detailliert Bescheid wie über die Bedürfnisse meiner Tochter. Meine Hilfe kommt zudem in Nigeria nicht so direkt an wie zu Hause. Aber wenn man so zehn Sekunden nachdenkt, lässt sich sagen: Mein Wissen über Nigeria ist heutzutage groß genug, um die enormen Unterschiede zwischen hier und dort zu erkennen, und mittels z. B. zertifizierter Hilfsorganisationen kann ich schnell und zielsicher helfen.[10] Sich damit herauszureden, dass Hilfsorganisationen nicht effektiv seien, kann nicht ausreichen, denn ich kann mich informieren, ob ihre Qualität geprüft wurde. Also: Nicht so überzeugend, versuchen wir es anders.

Wäre es nicht eher eine politische Aufgabe zu helfen? Kann ich meinen Rückzug ins Private und ins Puppenhaus meiner Tochter nicht rechtfertigen, indem ich sage: »Das geht mich nichts an, immerhin habe ich das an den Staat delegiert und mit Steuern finanziert«? Das mag besonders für Probleme zutreffen, bei denen einer allein nicht helfen kann, sondern erst eine größere Menge von Akteuren politisch koordiniert werden muss. Liegt hier ein solches Problem vor? Sicher, eine private Spende löst nicht »das Problem der Weltarmut« oder das »Weltflüchtlingsproblem«. Aber jede Spende bewirkt, dass ein Mensch weniger leidet, wenn sie ans Ziel kommt. Die Spende ist nicht verloren. Das Problem allein der Politik zuzuweisen bedeutet nur, mich zu entlasten, das Problem aber keinen Zentimeter näher an eine Lösung heranzubringen.

---

[10] Wenn man die besten Mittel zu helfen sucht: MacAskill 2016, der allerdings nicht darauf schaut, ob eine Hilfsorganisation auch nachhaltig einen guten Weltzustand erzeugt.

Spätestens wenn man bemerkt, dass das mit dem Delegieren nicht geklappt hat, steht man wieder selbst in der Verantwortung. Aber selbstverständlich sollten wir uns auch für eine politische Lösung engagieren. Das schließt so unvorstellbare Dinge ein wie Zeit aufzuwenden, sich zu informieren, zu demonstrieren, in Parteien einzutreten und sich – wenn es ganz schlimm kommt – sogar in Ämter wählen zu lassen. Politische Arbeitsteilung hilft nicht. Also: neuer Versuch!

Kann man sich nicht darauf berufen, dass man ja nicht für die ganze Welt Verantwortung trägt, sondern für seinen räumlichen und zeitlichen Nahbereich, kurz für die eigenen vier Wände? Räumliche oder zeitliche Distanz begründet keinen moralischen Unterschied zwischen meiner Tochter und einem Mädchen in Nigeria, so leid es mir tut. Wenn ich von einem Mordplan Kenntnis erhalte, muss ich den Mord verhindern, wenn nur irgendwie möglich. Das gilt ungeachtet der Tatsache, ob er in einer Distanz von einem oder 2000 Kilometern stattfinden soll. Es gibt keinen Pflichtnachlass pro Kilometer! Und genauso muss man die Zeit behandeln: Lasse ich heute ein Messer unachtsam liegen, bin ich schuld, selbst wenn sich erst in drei Jahren ein Kind daran verletzt. Wenn Leid also im fernen Afrika oder gar erst in hundert Jahren stattfindet, entschuldigt mich das nicht, wenn ich dazu beitrage.

Natürlich kann man eine universelle Verantwortung anerkennen und gleichzeitig meinen, man organisiere das am besten so, dass jeder vor der eigenen Haustür kehrt und so die Straße insgesamt sauber wird. Aber spätestens wenn man sieht, dass das mit der Kehrwoche nicht klappt, kann man sich nicht mehr auf diese Verteilung der Verantwortung berufen.

Diese gesamte Denke ist unserer Alltagsmoral fremd, denn die sorgt sich primär darum, dass wir niemandem aktiv Schaden zufügen. Ergänzend gibt es noch das extra Gebot, dass wir denen, die uns »near and dear« sind, darüber hinausgehend helfen. Nigeria geht leer aus. Dass moralisches Handeln unparteilich zu sein hat und dass räumliche und zeitliche Distanz keinen Einfluss auf Pflichten haben kann, leuchtet jedoch ein. Also werden wir die hohen Forderungen nicht los, aber empfinden sie dennoch als unzumutbar. Praktisch gibt es Wege, die es erlauben, die beiden Pole einander anzunähern und den Kampf zwischen Alltagsträgheit und Moral zu unterlaufen:

Wie können wir möglichst moralisch sein und gleichwohl einen Vorrang retten, den wir uns und unseren Lieben geben wollen? Im moralischen Sinne Heilige pfeifen auf diesen Primat. Sie opfern sich selbst auf. Gern zitiertes Beispiel Mutter Teresa. Aber zum Märtyrer und Heiligen fühlen sich einige wenige Menschen seltsamerweise nicht berufen. Sie berufen sich schlichtweg – wir wissen es schon – auf Überforderung. Den insgesamt besten Vorschlag für sie hebe ich mir für das nächste Kapitel auf – und doch: Für solche Menschen gibt es auch jetzt schon Hoffnung. So werden z. B. sozial verantwortliche Geldanlagen immer weiterentwickelt. Geld kann auch an ethisch wertvolle Projekte verliehen werden, um uns Zinsen zu bringen. Gerade ethisch engagierte Firmen sind besonders langfristig aufgestellt und auch die Rendite hat daher auf lange Sicht bessere Perspektiven.[11]

Neben diesem bekannten Weg, der trotzdem nicht bekannt genug ist, will ich aber auch auf noch ungewohnte Wege verweisen. Auf denen können wir wandeln, wenn wir die zusammenhängenden Probleme Armut und Flüchtlingselend bekämpfen wollen:

---

[11] Domini 2001.

– Privat vererben: Man kann es z.T. vermeiden, zu seinen
  Lebzeiten aus moralischen Gründen auf Wohlstand zu ver-
  zichten, selbst wenn man das gute Gefühl, moralisch zu
  sein, für sich nicht aufgeben möchte. Wir können z.B.
  heute ein Haus in einer Lage erwerben, die nachhaltig an
  Wert gewinnt. Dann kommt unvermeidlich der finstere Tag
  unseres Todes. Statt nun alles an unsere Kinder oder Neffen oder Großneffen zu vererben, könnte man einen be-
  deutsamen Teil für den Kampf gegen die Armut spenden.
  Ob man jetzt oder in Zukunft hilft, macht keinen Unterschied, wenn sich das Kapital verzinst.

Und wenn sich die liebe Verwandtschaft darüber beschwert,
hilft vielleicht folgender Gedanke: Große Besitztümer zu vererben widerspricht dem Leistungsgedanken, denn die Erben
haben sich das Vermächtnis nicht durch harte Arbeit in ver-
schwitzen T-Shirts verdient. Reichtum ohne Grund schürt
Unfrieden in der Gesellschaft und zerstört die Chancengleichheit.[12] Erben kann sogar die Begünstigten verweichlichen, die
dann eben nicht mehr lernen, sich »durchzubeißen«, sondern
sich ins gemachte Bett legen können. Und das geht gemäß
aller preußischen Tugenden ja wohl gar nicht. Starthilfe
schaffen ist etwas anderes, als die Kinder schon am Start mit
der Siegprämie auszustatten. Um z.B. Ehepartner zu versorgen, bietet das Nießbrauchsrecht interessante Modelle.

– Unternehmen vererben: Kann man das denn einfach so machen? Geht es da nicht auch um deren Fortbestand, etwa
  für die Mitarbeiter? Sicher, aber dieser ist nicht gefährdet,
  wenn man beschließt, das Geschäftsmodell per Nachlass

---

12 Zum Zusammenhang von Erbe und Ungleichheit vgl. Piketty 2016,
   Kapitel 11.

zu verändern. Man kann z. B. eine konventionell arbeitende Firma zu einem sozialen Unternehmen umformen.

Ein »soziales Unternehmen« ist so definiert, dass es mit seinen Produkten der Lösung eines sozialen Problems dient. Bei vielen Produkten lässt sich so ein sozialer Bezug finden. So gibt es Finanzprodukte gegen Armut, etwa das Modell der Mikrofinanzierung des bengalischen Wirtschaftswissenschaftlers Muhammad Yunus. Beim Sozialunternehmen ändert sich für die Mitarbeiter wenig, sie erhalten weiterhin die marktübliche Bezahlung. Nur die Gewinne, die das Unternehmen erwirtschaftet, werden nicht an die Eigentümer ausgezahlt, sondern gänzlich zur Lösung des sozialen Problems reinvestiert. Natürlich können auch die Eigentümer im Unternehmen angestellt sein und ein marktübliches Gehalt beziehen. Alternativ könnte ein Eigentümer auch ein konventionell arbeitendes Unternehmen testamentarisch verpflichten, einen Teil der zukünftigen Gewinne zu spenden.

Fazit: Vermögen gemeinnützig zu vererben ist ein Weg, Moral und die Chance, sich einen schlanken Fuß zu machen, zu verbinden und Armut zu verringern. Wer ihm folgt, wird sicher nicht wie der Heilige Martin in die Überlieferung eingehen. Aber er leistet doch Überdurchschnittliches, was er auf der »Haben-Seite« seiner Lebensbilanz verbuchen kann. Das Thema Armut und die Reichweite unserer Pflichten hat allerdings noch weitere Aspekte ...

4. KAPITEL
DARF ICH ANDEREN BEIM VERHUNGERN ZUSEHEN?

Über Universalisierung und Unterlassungen

Trotz aller Live-Aid-Konzerte und Absichtserklärungen, es bleibt dabei: Die Welt ist gnadenlos ungerecht. Im Jahr 2015 litten laut UN 759 Millionen Menschen an Hunger, was rund 11 Prozent der Weltbevölkerung entspricht. Alle drei Sekunden stirbt ein Mensch an Hunger, etwa 8,1 Millionen Menschen pro Jahr. Jedes vierte Kind ist chronisch unterernährt. Jeder von uns ist daran beteiligt. Aber hier zeigt mir mancher einen Vogel: Wieso jeder von uns? Im Regelfall tun wir nichts, was die Zahl der Hungertoten erhöht. Sind wir nicht nur für unsere Taten verantwortlich, und steht es damit nicht meist bestens?

Manchmal, vor allem zur lieben Weihnachtszeit, wenn Kerzen Wärme in die Herzen bringen, spenden wir sogar zugunsten der Hungernden, tun also mehr als unsere uns von der Alltagsmoral zugewiesene Pflicht. Und die besteht wohl darin, anderen nicht zu schaden. Das nennt man übrigens eine negative Pflicht.

Würde alles, was darüber hinausgeht, uns nicht erstens überfordern und wäre es nicht zweitens ungerecht? Wir sind ja nicht für das Elend auf der ganzen Welt verantwortlich. Wieso sollten wir dann dagegen angehen, zumal primär die korrupten Regime in Afrika und sonstwo, aber nicht wir schuld an den Problemen sind?

Negative und positive Pflichten

Negative Pflicht: Die Pflicht, etwas zu unterlassen, z. B. andere nicht aktiv zu schädigen.

Positive Pflicht: Die Pflicht, etwas zu tun, z. B. anderen zu helfen.

Während negative Pflichten jedenfalls verbindlich sind, wird aktive Hilfe oft als bloß verdienstliches Zusatzengagement verstanden.

Mein Leid wiegt nicht mehr als deines

Auf diese Weise schirmt uns unsere Alltagsmoral vor weitergehenden moralischen Ansprüchen ab, die von uns verlangen, das Leid der Hungernden zu bekämpfen. Zwar hören einige moralisch sensible Menschen trotz dieses einlullenden Wiegenlieds nach wie vor ihr leise rumorendes Gewissen, aber das wird durch den Alltag abgestumpft. Eine unparteiliche Moral, wie wir sie bislang betrachtet haben, erlaubt uns diesen Schmusekurs mit unserem Gewissen nicht. Für einige Menschen spricht das für diese Ethik, für andere gegen sie.

Wenn wir uns stattdessen um Interessen kümmern, dann fragen wir weniger danach, wer an der Misere der Entwicklungsländer Schuld hat, als vielmehr danach, wie sich die schlechte Situation verbessern lässt. Die Zukunft interessiert, nicht die Vergangenheit. Dabei setzen wir voraus: Das Leid der hungernden Äthiopier wiegt genauso schwer wie das Leid, das Wohlstandsbürger empfinden würden, wenn es ihnen schlecht ginge. Wenn wir diese Regel leugnen, handeln wir parteilich und unterlaufen das Universalisierungsgebot der Ethik, das die Idee der Unparteilichkeit begründet. Was hat es mit dem Universalisierungsgebot auf sich?

Universalisierung

Universalisierung heißt, dass moralische Normen nicht von einem Bezug auf Einzelnes abhängen dürfen. Ethisch relevante Unterschiede müssen durch Eigenschaften begründet sein, die nicht nur Hans Müller hat, sondern die im Prinzip jeder haben kann. Wenn an Hans Müller etwas ethisch Interessantes ist, muss sich das in allgemein geteilten Eigenschaften ausdrücken lassen wie etwa darin, dass Hans leidensfähig ist. Fälle, die in ihren »universellen« Eigenschaften identisch sind, haben identische Beurteilungen zur Folge. Wenn ich etwas »rot« nenne, muss ich auch das »rot« nennen, was ihm farblich vollkommen ähnlich ist. Der schon rein sprachliche Zwang zu universalisieren, bietet eine Begründung für Unparteilichkeit. Ich muss mich und Herrn Müller in den Hinsichten gleich behandeln, in denen kein allgemeiner Unterschied zwischen uns besteht.

Nun, wenn ich eine Regel oder Norm begründen will, wie mit dem Leid umgegangen werden soll, dann ist es kein Grund für oder gegen eine solche Regel, dass gerade ich von ihr eingeschränkt werde. Dass jemand eingeschränkt wird, das ist natürlich eine wichtige Konsequenz. Die muss man gegen den Gewinn abwägen, der dadurch erzeugt wird, dass die Menschen diese Regel befolgen. Aber der Hinweis, dass die Norm unzumutbar sei, weil gerade ich eingeschränkt werde und nicht mein Nachbar, der ist an und für sich genommen nur eine »faule Ausrede«, aber kein Argument. Genau genommen haben wir alle schon solche Ausreden verwendet, damals im Kindergarten. Aber für einige Menschen ist seitdem schon etwas Zeit vergangen. Eine Norm muss gültig sein, gleichgültig wer die Individuen sind, denen sie auf die Finger haut. Dass gerade »ich« eingeschränkt werde, das kann schließlich jeder Betroffene aus seiner Perspektive vorbringen. Diese private Perspektive kann nicht die sein, die über Normen entscheidet. Das heißt, wir müssen jedermann in der Moral genauso ernst nehmen wie uns selbst. Wir müssen »universalisieren«, wenn wir Normen aufstellen, denn unsere spezielle Identität begründet diese nicht.

Aber selbst wenn wir so bestätigen, dass unsere Interessen und die der Äthiopier gleich wichtig sind, könnten wir uns gegen das millionenfache Sterben durch Armut abschotten: Wir lassen das Elend der Hungernden ja lediglich zu, aber machen uns die Hände nicht schmutzig, um es zu verursachen. Verantwortlich sind wir aber vorrangig für unsere Taten und nur sehr begrenzt für das, was wir unterlassen. Ist das so?

Unser Unterlassen kann etwas verursachen

Wir unterlassen in jeder Sekunde unzählbar viele Dinge (etwa uns zu fragen, ob die Würmer, die wir gerade mit dem Spaten zerteilen, vielleicht noch Neffen im Nachbargarten haben). Wenn wir fragen, ob wir es verantworten können, uns um unsere Unterlassungen kaum zu kümmern, kann nicht diese Vielzahl von Unterlassungen gemeint sein. Es geht um die Dinge, die wir wissentlich und willentlich unterlassen. Das sind Dinge, die wir tun könnten, von denen wir wissen, dass wir das könnten und es nicht wollen. Es gibt viele derartige Unterlassungen, für die wir sehr wohl Verantwortung tragen, auch rechtlich. Die »unterlassene Hilfeleistung« ist in manchen Fällen strafbar. Und in vielen Fällen ist es auch intuitiv nicht klar, wieso Unterlassen harmloser als Tun sein soll.

Nehmen wir folgendes Beispiel: Meier hat einen Onkel, den

er beerben will. Er plant, ihn zu töten, schleicht sich ins Bade-
zimmer, während der alte Herr badet, taucht ihm den Kopf
unter und ertränkt ihn – fies, nicht wahr? Ist nun dieser Fall
wesentlich anders zu bewerten als der folgende? Müller hegt
dieselbe schändliche Absicht wie schon Meier. Er schleicht
sich voller Bosheit ins Bad, sieht, wie der Onkel gerade auf-
steht, ausrutscht, sich den Kopf anschlägt und ohnmächtig ins
Wasser gleitet. Müller stellt sich neben die Wanne, bis keine
Luftblasen mehr aufsteigen, dann geht er. Weniger fies? Wenn
wir die Folgen betrachten, sind beide Fälle gleich:

– Müller und Meier haben dieselben miserablen Motive, sodass in Zukunft viel Böses von ihnen zu erwarten ist. Daher zählen diese Motive, selbst wenn wir nur auf die Folgen
  der Handlungen schauen.
– Der Onkel ist am Ende mausetot, und Meiers bzw. Müllers
  Tun bzw. Unterlassen waren dafür die Ursache.

Dazu muss man etwas über den Begriff der »Ursache« ergänzen: Etwas unterlassen gehört zu den Dingen, die unverzichtbar sind, um ein Ereignis zu verursachen. Nehmen wir das
Einschalten einer Lampe. Die Ursache dafür, dass die Lampe
brennt, war sicher mein Umlegen des Schalters. Aber genauso
entscheidend für das Ergebnis sind einige »negative Ursachen«. So würde die Lampe nicht brennen, wenn es im Moment meiner Bewegung des Schalters einen Stromausfall gegeben hätte. Genauso unverzichtbar für das Ergebnis ist es,
dass der unverschämte Bösewicht Pedro, der neben mir stand,
als ich den Schalter umlegte, mich nicht niedergeschlagen
hat. All diese »negativen Ursachen« sind ebenso wichtig für
das Ergebnis wie meine Fingerbewegungen. Unterlassungen
sind negative Ursachen und als solche genauso wichtig dafür, dass bestimmte Ereignisse stattfinden, wie die positiven

Ursachen oder Taten. Welchen Faktor wir als »die« Ursache bezeichnen und hervorheben, das hängt davon ab, welcher Faktor auffälliger ist. Diese Entscheidung ist also unserer Psyche geschuldet, aber nicht echten Unterschieden beim Verursachen.

Die Psychologie des Unterschieds

Wenn sich Tun und Unterlassen aber nicht beim Verursachen unterscheiden, worin dann? Thomas von Aquin meinte, dass Handeln mehr Aufwand bedeute als bloßes Unterlassen. Aber in welcher Hinsicht soll das Handeln mehr Aufwand bedeuten? Hinsichtlich der Körperbewegungen? Nein, denn der Aufwand an Energie, um einen Revolver abzudrücken, ist so gering, dass er kaum ins Gewicht fallen dürfte. Entscheidender dürfte der »innere«, psychische Aufwand sein. Aber auch in psychischer Hinsicht kann es extrem belastend sein, nicht zu handeln. Dem Verliebten fällt es unglaublich schwer, seine Liebe nicht hinauszuposaunen, dem Hasserfüllten fällt es unendlich schwer, den Mörder seiner Frau nicht zu töten. Es könnte also sein, dass der Heilige Thomas auf einem Holzweg war.

Sind beim Handeln vielleicht die Folgen direkter oder gewisser als beim Unterlassen? Nicht immer, wie uns folgendes Beispiel mit Bergarbeitern zeigt: Ein Waggon mit Steinen ist unter Tage außer Kontrolle geraten und nicht mehr zu bremsen. Er rast auf ein Gleisende zu, an dem drei Arbeiter arbeiten, die er töten wird. Einzige Alternative: Sie stellen eine Weiche um, sodass der Wagen an ein anderes Gleisende gelangt, an dem nur ein Arbeiter getroffen würde. Ob Sie die Weiche umstellen oder nicht, die Folgen Ihres Tuns sind genauso direkt und gewiss wie die Ihres Unterlassens. Diese und weitere angebliche Unterschiede zwischen Tun und Unterlassen hat Dieter Birnbacher gründlich untersucht und zurückgewiesen.[13] (Zu früh gefreut. Die tückische Frage, ob Sie die Weiche umstellen, bleibt Ihnen auf Dauer nicht erspart. Mehr dazu in Kapitel 10.)

Selbstverständlich erweitert sich die Zahl unserer Pflichten enorm, wenn wir Unterlassungen genauso ernst nehmen wie Taten. So behauptet der australische Philosoph und Ethiker Peter Singer angesichts der weltweiten Hungermisere und unserer Rolle dabei provokativ: »Falls grundsätzlich kein Unterschied zwischen Sterbenlassen und Töten besteht, könnte es fast scheinen, dass wir alle Mörder sind.«[14]

Sind wir alle Mörder?

Diesen Gedanken sollte man nicht gleich beiseitewischen, sondern erst einmal auszuhalten versuchen, auch wenn er nicht besonders entzückend ist. Wir hätten die Mittel, Hungernde zu retten, von deren Leiden wir wissen, und lassen sie gleichwohl sterben. Wir müssen bei Weitem nicht etwas mit diesem Elend Gleichgewichtiges opfern, wenn wir mehr spenden. Ist das Mord? Das diskutiert und verneint Singer, denn er vergleicht Töten durch Unterlassen eher mit einer zu schnellen Autofahrt über den Zebrastreifen: Es gibt keine Tötungsabsicht und keine Gewissheit, jemanden zu treffen. Aber auch wenn wir dadurch nicht zu Mördern werden, ist das Unterlassen doch weder selbstverständlich, noch auf die leichte Schulter zu nehmen. Dafür ist uns im Alltag jedoch leider das Bewusstsein verloren gegangen.

---

[13] Birnbacher 1995.
[14] Singer 2013, 345.

Damit gelangen wir wieder zu dem Einwand, der uns im letzten Kapitel beschäftigt hat: Überfordert uns das nicht? Ein guter allgemeiner Lösungsvorschlag für diese Probleme stand im dritten Kapitel noch aus. Wir hatten ja nur einige pragmatische Wege besprochen, moralische Forderungen und Eigeninteresse einander anzugleichen. Fest steht: Kümmerten wir uns um unser Unterlassen so wie um unsere Taten, würde die Zahl unserer Pflichten dramatisch ansteigen. Wenn wir uns für die ganze Welt verantwortlich fühlten, könnten wir der Menge unserer Pflichten nicht mehr nachkommen und würden wahrscheinlich lieber die Moral ad acta legen, als all ihren Pflichten Frondienst zu leisten. Jede Latte macchiato mit Zucker, Zigarette, Kecks und Schwarzwälder Kirsch am Nachmittag, jedes Luxusgut wäre kritisch zu betrachten. Müssten wir also unsere Gewohnheiten völlig umstellen und über jeden Cent Rechenschaft vor dem strengen Richterstuhl der Moral geben können? Unsere Alltagsmoral betrachtet das als riesige Überforderung. Daher wird unsere Verantwortung von ihr auf negative Pflichten gegenüber Fremden und positive Pflichten bezogen auf Menschen, die »near and dear« sind, eingeschränkt. Nur wenn man Verantwortung so begrenze, könne man sichergehen, dass überhaupt noch verantwortliches Handeln stattfinde, das sagt zumindest die Alltagsmoral. Das hat was, oder?

Spendenpflicht und Engagementpflicht

Ganz so einfach ist es leider nicht. In der Tat brauchen Pflichten Grenzen, wenn wir ihnen noch gewachsen sein sollen. Hier muss die Ethik dem Sollen-bedingt-Können-Postulat nachkommen, das letztlich immer auch mit dem Wollen zusammenhängt, wenn es um psychologische Grenzen geht.

Aber die nötigen Grenzen mit der Alltagsmoral gemeinsam zwischen Tun und Unterlassen und zwischen Freunden, Verwandten und Fremden zu ziehen, das ist zu billig. So eine Grenze schert sich nicht um den Schutz von Interessen, denn die Hungernden gehen so leer aus. Ein besserer Vorschlag für eine Grenze wäre, etwa fünf Prozent eines durchschnittlichen Einkommens und fünf Prozent der Zeit der Akteure so einzusetzen, dass damit effektiv Interessen geschützt werden. Das wäre ehrgeizig, aber keine Überforderung. Niemand, der auf Überforderung plädiert, wird meinen, ein sehr reicher Mensch sei mit Spenden von etwa fünf Prozent seines Einkommens überfordert. Ein Krösus will vielleicht nicht so viel einsetzen. Aber er könnte es natürlich, ohne auch nur im Ansatz vergleichbar Wichtiges dafür zu opfern.

Was hat das aber mit uns zu tun? Wir sind doch nicht Krösus! Aber für das Ego: Global gesehen sind wir westlichen Normalverdiener das sehr wohl. Wer mehr als 52 000 Dollar im Jahr verdient, gehört zum reichsten Prozent der Weltbevölkerung.[15] (Einige Wege unterhalb oder zusätzlich zu diesen Forderungen, Gutes zu tun, wurden im letzten Kapitel schon erwähnt.)

Doch hinter dieser Frage, was ich persönlich tun kann, steht das allgemeine Problem: Wie viel fordert die Moral von uns? Müssen wir beispielsweise, wie es der Utilitarismus gemäß manchen Interpretationen zu fordern scheint, rund um die Uhr und mit all unseren Mitteln versuchen, das Glück in der Welt zu maximieren? Ich habe keine einfache Antwort auf dieses Problem, das vielleicht die größte Achillesferse des Utilitarismus ist. Ich behandele es pragmatisch: Wenn wir uns im niedrigstelligen Prozentbereich unserer zeitlichen und finanziellen Möglichkeiten engagieren, kann das keine Über-

---

15 MacAskill 2016, 28.

forderung sein. Das ist daher auf jeden Fall geboten! Wenn jeder Normalverdiener sich dazu aufraffen würde, wären die meisten globalen Probleme gelöst. Es ist aber leider traurige Tatsache, dass die Mehrzahl der Akteure angesichts der fünf Prozent versagt. Sollen wir daher die Pflichten für den Einzelnen immer höher schrauben, sodass die Einsichtigen die Lasten für die Egoisten mittragen? Zu hohe Pflichten bringen jedoch bekanntlich viel Frustration, ein schlechtes Gewissen und führen letztlich auch bei den Gutwilligen zu Moralverweigerung.

Fazit: Eine Spenden- und Engagementpflicht würde bedeuten, dass wir einen Anteil unserer Zeit und unseres Geldes denen widmen, die das absolut gesehen am Nötigsten haben. Das werden in der Regel Menschen in Entwicklungsländern sein. Mit der Zeit, die wir »spenden«, können wir uns informieren und politisch engagieren. Wenn unsere Pflichten gegenüber den ärmsten Menschen erfüllt sind, können wir unseren Familienklüngel bedienen. Das ist dann aber oft keine Sache der Moral mehr, sondern eine der erweiterten Eigenliebe. Natürlich ist Geld nicht alles, was Entwicklungsländer brauchen, aber der Einzelne hat kaum ein effektiveres Mittel zur Hand.

In diesem Kontext zu argumentieren, die bisherige Entwicklungshilfe sei ja auch schon wirkungslos gewesen, und deshalb »zu kneifen«, ist einfach nur eine faule Ausrede: »Der Sozialetat der Vereinigten Staaten beläuft sich auf 800 Milliarden Dollar im Jahr. (…) Flossen in mehr als 60 Jahren eine Billion Dollar in die Entwicklungshilfe, so waren das nicht ganz 17 Milliarden im Jahr.«[16] Der für Entwicklungshilfe aufgewendete Anteil des Sozialetats ist also erbärmlich und zudem oft durch ineffektive Projekte gebunden, von denen auch

---

[16] MacAskill 2016, 57f.

heimische Unternehmen profitieren sollen. Gleichzeitig ist es jedoch nicht wahr, dass es den Leuten in Afrika nach dieser Hilfe nicht besser geht,[17] allerdings wäre es angesichts der Summen auch nicht verwunderlich.

Wenn wir die Moral wirklich ernst nehmen, werden entsprechende Forderungen auf uns zukommen. Unsere alltagsmoralischen Ausreden und Bequemlichkeiten werden ein Stück weit infrage gestellt. Kindergarten ist nicht mehr. Moralisch leben heißt, nach den Maßstäben der Interessenethik umzudenken. *Fazit: Man darf anderen Menschen nicht beim Verhungern zusehen. Man hat Hilfspflichten, die ich hier mit einer fünf Prozent Spende von Zeit und Geld (bei Normalverdienern) umrissen habe.*

Nachdem wir uns nun verdeutlicht haben, wie eine utilitaristische Interessenethik in etwa funktioniert, können wir einen kleinen Orientierungsspaziergang durch die Ethik starten, bei dem wir sichten, wie wir unsere Position weiter begründen können. Zuerst muss aber etwas Energie darauf verwendet werden, wie weit ethische Begründung überhaupt reicht und ob es (objektive) Gründe für eine Position gibt. Das heißt, das *Problem des moralischen Relativismus* steht auf der Tagesordnung. Wenn es ausgeräumt ist, so gut es sich ausräumen lässt, beginnen wir wie Pilzsammler am Wochenende damit, letztlich im ganzen restlichen Buch Gründe für unsere Moralkonzeption zu sammeln.

Dabei ist zuerst zu klären, ab wo uns der Ethiker auf die Finger klopfen muss, weil ethische Rücksichtnahme anzufangen hat. Welche Wesen haben ethische Rechte und warum? Das wird begründen, warum wir uns gerade um Interessen

---

[17] Allein der Sieg über die Pocken rettete 300 Millionen Menschen das Leben. Fünf Mal mehr als in allen Kriegen seit 1973 starben. MacAskill 2016, 58 f.

als ethisch relevante Größe und nicht etwa um alle Lebewesen oder die Natur als Ganzes kümmern müssen. Dann ist zu fragen, nach welchen Maßstäben ethische Rechte zugeteilt werden sollen: Gerechtigkeit, Natürlichkeit, Würde, Pflichten? Was ist am besten begründbar? Selbstverständlich können wir hier nur die Oberfläche dieser Argumentationen berühren, aber das reicht aus, um unsere Position zu festigen, die wir dann in den weiteren Teilen des Buches anwenden können. Diese Anwendung selbst begründet die Position erneut, denn wenn die Ergebnisse der Anwendung prima sind, spricht das für die zugrunde liegende Theorie.

5. KAPITEL
SOLL MAN SICH FÜR POLITISCHE GEFANGENE IN CHINA EINSETZEN?

Über den ethischen Relativismus und die Probleme objektiver Moralbegründung

Menschenrechte bedeuten in China offensichtlich etwas anderes als bei uns. Oder weniger diplomatisch: Man muss sagen, dass China sich um die Menschenrechte, so wie wir sie verstehen, nicht schert. So hat Chinas Regierung die Verleihung des Sacharow-Preises an den Dissidenten Hu Jia als grobe Einmischung in innere Angelegenheiten verurteilt. Der Preisträger wurde als »inhaftierter Krimineller« bezeichnet. Die Preisverleihung verstoße gegen den Respekt, den Länder sich gegenseitig entgegenbringen sollten.[18] Aber müsste China sich an unserem Verständnis der Menschenrechte ausrichten? Oder hat die chinesische Kultur ihre ganz eigenen ethischen Maßstäbe? Wer sind wir, dass wir anderen uralten Kulturen vorschreiben wollen, dass sie wie wir leben müssen? Ist das nicht Kolonialismus nur mit anderen Mitteln, bei dem wir die anderen Kulturen nicht respektieren? Hat also die chinesische Regierung recht, wenn sie Respekt für ihre Haltung einfordert?

Diese Argumentation steht im Konflikt zu einer anderen starken Überzeugung, die viele von uns – wenigstens sonntags – haben: Ein Mord ist überall auf der Welt ein Verbre-

---

[18] http://www.eu-info.de/dpa-europaticker/140601.html.

chen, ebenso wie eine Geiselnahme oder Folter. Ist es nicht einfach falsch, was China mit politischen Abweichlern anstellt? Hier ein Beispiel dafür:

Chinas Regierung erklärt politisch Andersdenkende häufig für verrückt und lässt sie in der Psychiatrie behandeln. Wang Wanxing hat am dritten Jahrestag des Tiananmen-Massakers für eine Rehabilitierung der Opfer demonstriert. Umgehend wurde er verhaftet und als geisteskranker Straftäter behandelt. Erst im August 2005 kam er nach diplomatischem Druck aus Berlin frei.

Da flackern Zorn und die Gewissheit auf: Es ist kein Fehler, die Bestrafung von Wang Wanxing zu verurteilen! Meinungsfreiheit einzufordern ist kein Fall von Wertkolonialismus. Aber müssen wir nicht tolerant gegenüber anderen Kulturen sein, weil unsere Werte nicht besser sind als ihre? Das kann mancher Relativist meinen. Ist das aber nicht falsch gedacht, denn sind nicht Humanität und Freiheit Werte, die überall auf der Welt, also universell gelten? Das antwortet der Universalist.

Wenn das Duell zwischen diesen Protagonisten entschieden werden soll, wird das mindestens so spannend, wie wenn Kirk Douglas und Burt Lancaster im Kultwestern »Gunfight at the O. K. Corral« ihre Revolver heiß schießen. Aber leider wird die Entscheidung nicht so eindeutig ausfallen, wie wenn am Ende staubige Leichen vom Platz getragen werden … Hier kommen wir mit bloßen Intuitionen und Bauchgefühlen nicht mehr weiter, denn diese können sich zum Teil auch widersprechen, beispielsweise wenn unser Herz für Wanxing und zugleich gegen den Wertimperialismus spricht. Wir können aber Fortschritte erzielen, wenn wir weiter über den Wert der Toleranz meditieren.

Spielarten des ethischen Relativismus

Die Positionen sind vielfältig und begrifflich nicht genau festgelegt. Folgende exemplarische Unterscheidungen erlauben es, den Kern des Problems dingfest zu machen:

(Primär) normativer Relativismus: Normen gelten nur in der Gruppe oder Kultur, in der sie anerkannt werden.

Diese Form des Relativismus wird oft kombiniert mit einer Toleranzthese:

Relativistische Toleranz: X mag persönlich Ys Verhalten falsch finden, aber er hat kein Recht, über Y zu urteilen und in die Praxis von Y einzugreifen. Das gilt, weil Y aus einem anderen Kulturkreis als X stammt und X sich nur auf seine eigenen Standards berufen kann, die nur für X und seine Kultur gelten.

Begründungstheoretischer metaethischer Relativismus: Es gibt keine Methode, moralische Wahrheiten zu erkennen, weil es keine solchen Wahrheiten und keine moralischen Tatsachen gibt. Normative Überzeugungen sind mangels Wahrheit nicht begründbar.

(Primär) normativer Universalismus: Es gibt eine richtige Moral, die von allen Menschen anerkannt werden sollte.

Begründungstheoretischer metaethischer Absolutismus: Einige moralische Urteile sind objektiv wahr und das ist erkennbar, weil es z. B. moralische Tatsachen gibt. Diese normativen Überzeugungen sind daher prinzipiell begründbar.

Zum einen ist die Toleranzthese aus dem Kasten absolutistisch formuliert: Diese Norm soll wahr sein, weshalb sich jeder an sie halten soll. Aber wahr sein kann sie nicht, wenn man den Absolutismus verneint und man sich nur innerhalb einer Gruppe an Normen halten muss, wie der normative

Relativismus lehrt. Der wird meist mit dem metaethischen Relativismus im Paket verkauft.

Zum anderen: Unser Relativist meint, wir sollten unsere Werte nicht auf andere Kulturen anwenden, weil das fälschlich voraussetze, dass diese Werte universell gelten würden. Aber dabei übersieht er, dass auch er gar nicht anders kann, als das Andere anhand der eigenen Werte zu bewerten. Auch wenn er sich etwa zähneknirschend entscheidet, sich nicht einzumischen und Toleranz zu üben, sind Toleranz und Respekt seine eigenen Werte, die er zur universellen Grundlage seines Handelns macht. Wir können gar nicht anders handeln als auf der Basis der eigenen Werte, denn andere haben wir nun einmal nicht. Selbst wenn sich jemand von anderen Werten überzeugen lässt, werden diese in diesem Augenblick zu seinen eigenen Werten, d. h. zu Werten, die er teilt und auf Grund derer er handelt. Die Gründe für unser Tun und Unterlassen müssen immer unsere Gründe sein.

Wenn ich etwa als Nachbar bei einem Streit am Gartenzaun versuche, nicht nur meine, sondern auch die Motive meines Nachbarn wahrzunehmen (ich versetze mich in seine Albträume, in denen mein Dackel Knochen in seinem Gemüsebeet vergräbt), dann ist das ein Akt, den höherrangige von mir akzeptierte Prinzipien mir gebieten. Ich habe beispielsweise den Wunsch, fair zu sein, weshalb ich mir meinen Dackel bei der schrecklichen Tat vorstelle. Unsere westlichen Werte müssen nicht objektiv besser sein als die Werte der chinesischen Führung. Aber die Werte, von denen wir als Personen überzeugt sind, sind für uns richtig. Nach ihnen müssen wir handeln, wenn wir uns selbst ernst nehmen.

Wenn ich also meinen Überzeugungen entsprechend handele, ist das kein anmaßender Wertkolonialismus, sofern ich versucht habe, die Argumente, die aus anderen Kulturen stammen, so gut wie möglich zu prüfen. Ich kann mich dann aufgrund meiner Werte entscheiden, zu intervenieren und mich für politische Gefangene einzusetzen. Oder ich kann mich entscheiden, das von mir für gruselig falsch gehaltene Verhalten der chinesischen Führung zu tolerieren, weil mir Toleranz fremder Kulturen wichtiger als ein Engagement für unterdrückte Minderheiten ist. Wie ich handeln oder nicht handeln soll, ist damit also noch nicht entschieden, aber dass ich meine Überzeugungen nicht zum Maßstab nehmen darf und anderenfalls schändlichen Kulturimperialismus betreibe, das ist jedenfalls falsch. Auch wenn ich auf der Welt nur ein ganz kleines Licht bin, das des Nachts vor dem gestirnten Himmel über ihm in Demut versinkt, für mein eigenes Handeln bin ich das Zentrum und ungeheuer wichtig. Michael Sandels Frage »Wenn die eigenen Überzeugungen nur relativ gültig sind, warum dann unerschrocken für sie einstehen?«[19] lässt sich wie folgt beantworten: Wir müssen für sie einstehen, weil es die eigenen Überzeugungen sind.

Man kann unserem Relativisten entgegenhalten: Selbst wenn alle Werte relativ sind, ist das Urteil des Handelnden entscheidend. Das hebt die Relativität für ihn auf.[20] Selbst wenn aus der Vogelperspektive besehen alle Werte gleich gut oder schlecht begründet sind: Wenn wir handeln, fliegen wir nicht. (Musste mal gesagt werden …) Relativistische Toleranz widerspricht dem normativen Relativismus, aus dem sie hervorzugehen scheint, und sich zu widersprechen, ist in der Philosophie die Eintrittskarte zur Hölle.

Wenn in unserem Beispiel China Vorbehalte aufgrund eines Unterschieds von Tun und Unterlassen auftauchen, frei nach dem Motto, aktiv einzugreifen sei aber in jedem Fall problematischer, ja »imperialistischer« als Eingriffe zu unterlassen,

---

[19] Zitiert nach Rorty 1989, 87.
[20] Rippe 1993, 275.

dann kennen wir – aufgrund tiefgreifender philosophischer Bildung – schon die Antwort: Auch für unser Unterlassen sind wir verantwortlich. Eingreifen in eine fremde Kultur ist per se nicht problematischer, als einen Eingriff zu unterlassen, zu dem wir die Macht hätten. Beide Arten sich zu verhalten verursachen Zustände, die wir verantworten müssen, das wissen wir spätestens seit Kapitel 4. Das ist der Fluch der Macht. Aber gibt es auch eine objektiv richtige Lösung des Problems, ob wir uns für die politischen Gefangenen einsetzen sollen? Oder hat der metaethische Relativist recht, dass aus der Vogelperspektive besehen jede Ethik gleich gut ist?

Wieso sollten sich die Chinesen etwa den Maßstäben der Interessenethik beugen und auch die Interessen der Dissidenten ernst nehmen? Hat diese Ethik objektiv Gültigkeit für sie? Der Interessenethiker meint das meist, denn er vertritt, dass Interessen überall in der Welt das moralisch Beachtenswerte sind. Dafür hat er ja Gründe aufgeführt, die universell gegen andere Ethiktypen gelten sollen (vgl. nächstes Kapitel). Aber kann man eine Ethik absolut begründen, sodass sie für jedermann und jederzeit verbindlich ist? Diese Nuss bearbeiten die Philosophen schon seit Jahrtausenden und haben dabei meist ihre Zähne ruiniert. Wenn er diese Frage aufwirft, wird der Relativist, der bislang hauptsächlich normativ unterwegs war, zu einem Relativisten, der an einer objektiven Begründung der Moral zweifelt.[21]

Ich vertrete, dass eine für jedermann gültige und für jeden zwingende, sogenannte »Letztbegründung« der Ethik nicht möglich ist. An der Nuss haben sich die Philosophen, wie gesagt, die Zähne ausgebissen. Doch warum ist diese Nuss so hart? Jede Begründung von Moral, die erfolgversprechend sein soll, muss auch Intuitionen und Gefühle zulassen. Diese

---

21 Rippe 1993, 218.

entscheiden gemeinsam mit theoretischen Reflexionen, ob eine Norm gilt (vgl. Kapitel 10). Das heißt auf der anderen Seite, dass Menschen mit völlig verschiedenen Intuitionen kaum zu einer Übereinkunft über eine Norm gelangen werden, darin liegt die Härte der Nuss.[22] So ist es den auf die Kraft der Vernunft pochenden Philosophen der Aufklärung nach all den Jahrhunderten intensiven Hirnens nicht gelungen, eine für jedermann verpflichtende Begründung dafür zu geben, dass ein Mord falsch ist. Der Mörder macht keinen nachweisbaren Fehler, wenn er diese Einsicht nicht teilt. Wenn auch der Mörder einsehen soll, dass er falsch gehandelt hat, braucht er moralische Gefühle, die sein Handeln prägen, etwa Mitleid oder Menschenliebe. Nur wenn er diese moralischen Gefühle hat, wählt er mit dem Mord relativ zu diesen Gefühlen das falsche Mittel, und dann kann die Vernunft einschreiten. Wenn jemand aber völlig blind für solche Gefühle ist, können wir ihm die Moral nicht so begründen, dass auch er ihr zustimmen muss. Die Nuss geht als Sieger vom Platz.

Obwohl der Relativist mit seiner Begründungsskepsis hier zu Recht einhaken kann, muss man ihm nicht zustimmen, dass alle Normen gleichermaßen unbegründet sind. Menschen, welche die gleichen Intuitionen und Überzeugungen teilen, können Normen wechselseitig begründen. Wenn zwei Menschen beim Begründen einer Moral beispielsweise einen gemeinsamen Boden in der Überzeugung haben, dass freie Meinungsäußerung den Interessen des Einzelnen dient, dann können sie den Schutz der Meinungsfreiheit beschließen. Das ist besonders gut möglich, wenn sie zusätzlich die Meinung vertreten, dass die Interessen der Einzelnen zentral sind, weil sonst Leid entsteht. Meinungsfreiheit hat dann für sie beide Geltung.

---

[22] Gesang 2011b, Kapitel 3.

Universalisten unterstellen oft, dass alle Menschen dieselben grundlegenden Intuitionen oder Überzeugungen teilen. Allerdings seien sie bei einigen Menschen verdeckt, zum Beispiel aufgrund einer unzureichenden Erziehung. Deshalb würden diese gemeinsamen Intuitionen von den Betroffenen nicht erkannt. Daher müsse man eine quasi archäologische Diskussion führen, welche die von der Erziehung verschütteten Grundintuitionen und Überzeugungen Schicht um Schicht freilege. Deshalb reden wir mit den Chinesen, wenn es um Menschenrechte geht, viel über Konfuzius und graben selbst den leicht verknitterten Mengzi, den bedeutendsten Nachfolger Konfuzius', wieder aus. So wollen wir zeigen, dass schon dort Ansätze einer Menschenrechtsmoral angelegt sind, die wir mit den Chinesen teilen. Die universalistische Hoffnung wäre dann, dass alle bzw. alle geistig gesunden Menschen letztlich moralische Gefühle wie Mitleid und Achtung besitzen und sich auf Normen verständigen können. Also kann ein Ethiker aus plausiblen Gründen glauben, dass die von ihm vertretenen Normen universell begründbar sind, weil jedermann doch dieselben Intuitionen – ganz tief im Innern verborgen – hat. Allerdings ist es ein mühevoller Weg zu prüfen, ob dieser Glaube an ein universelles Gefühl berechtigt ist. Ist er falsch, bleibt nur eine partielle Begründung für all jene, die jeweils basale Intuitionen teilen, was auch weit mehr als nichts ist.

Fazit: Der Interessenethiker, der nun einmal von dieser Ethik überzeugt ist, kann wie jeder Mensch nicht anders, als den eigenen besten Überzeugungen zu folgen. Somit muss er die Chinesen nach Maßgabe seiner Ethik behandeln. Argumente gegen seine Ethik sollte er prüfen, immer wieder und immer wieder, auch wenn das keinen Spaß macht. Aber solange die Gegenargumente ihn nicht überzeugen, kann man ihm keinen Vorwurf machen, wenn er weiter einer universellen Interessenethik folgt. *Wir müssen von den Chinesen* fordern, die Interessenethik für uns nachvollziehbar zu entkräften oder ihr zu folgen, wenn wir unsere Moral ernst nehmen.

Als Interessenethiker kann man dann festhalten, dass die chinesische Politik für die Interessen von politischen Gefangenen jedenfalls ein Fiasko ist – armer Wanxing. Die oft vorgebrachte interessenethische Entschuldigung, dass so die Mehrheit der Chinesen glücklicher werde, kann nicht überzeugen: Inwiefern lächelnde Chinesen nur dadurch zu erzielen sind, dass man Andersdenkende wegsperrt und quält, ist nie überzeugend bewiesen worden. Im Gegenteil, die Partei muss auf Lügen und Vertuschung beim Umgang mit Dissidenten setzen, gerade weil der Nutzen menschenverachtender Taten für die Gesellschaft nicht plausibel gemacht werden kann. Die Führung setzt ihr Interesse, störungsfrei Schalten und Walten zu können, fälschlich mit denen der Allgemeinheit gleich. Will man das Schweigen zu dieser Regierungspraxis trotzdem entschuldigen, könnte man vertreten, dass es den Interessen der Mehrheit der Menschen (auch in China) letztlich nutzt, wenn man sich generell nicht in die Belange anderer Staaten einmischt. Einmischung könnte ja politische Irritationen und sogar Kriege verursachen. Allerdings würde die Norm, sich – komme, was wolle – nicht einzumischen, allen Diktaturen erlauben, ihre fiesen Geschäfte ungehindert fortzuführen.

Der Interessenethiker will wissen: Schadet sich einzumischen den politischen Gefangenen in China und der chinesischen Gesellschaft insgesamt? Ich wage eine Prognose: *Der chinesischen Gesellschaft schadet Kritik nicht, sondern sie profitiert davon. Und einigen Dissidenten nutzt es immer wieder, sich einzumischen, wie der Fall Wang Wanxing zeigt.* Bei all diesen Abwägungen hat der Interessenethiker wenigstens einen klaren Maßstab: Es kommt auf die Maximierung des

Wohlergehens an! Dass die Interessenethik diese klare Orientierung bietet, ist ein Argument, das für sie spricht.

Versuchen wir weitere Gründe zu finden, die es erlauben, diese Ethik als gut oder schlecht begründet in unserer Perspektive auszuweisen, wobei für uns eben – na, gut aufgepasst? – gar keine andere Perspektive zählt.

6. KAPITEL

HAMSTER KONTRA KOHLEKRAFTWERK –
WOZU BRAUCHEN WIR ARTENSCHUTZ?

Was verdient ethischen Schutz,
wo beginnen ethische Rechte?

Im Jahr 2005 warf der FDP-Vorsitzende Guido Westerwelle
den Grünen vor, ihnen seien ein paar Hamster wichtiger als
der Bau eines neuen Braunkohlekraftwerks in Neurath. Dort
wurde vermutet, dass streng geschützte Hamster durch den
Bau zu einem Ausreiseantrag aus den grünen Neurather Auen
verleitet würden. Artenschutz und Ökonomie kollidieren re-
gelmäßig, und Artenschutz ist ein etablierter Wert geworden.
Ein anderes Feld, auf dem dieser Wert in Erscheinung tritt,
ist der Klimawandel. Eine der größten Gefahren, die von diesem Wandel ausgeht, wird darin gesehen, dass sich die natürliche Artenvielfalt verringert. So schreibt die *Frankfurter
Rundschau* 2006 über eine Nachfolge-Konferenz des Welt-
gipfels von Rio de Janeiro 1992: »›Wir stehen am Rande
der schlimmsten globalen Krise seit dem Aussterben der
Dinosaurier‹, sagte Konferenz-Vorsitzender Ahmed Djoghlaf. 60 000 der 360 000 bekannten Pflanzenarten gelten als
gefährdet, ferner 16 000 Tierarten.«[23]

Aber warum ist eine große Artenvielfalt wichtig? Brauchen wir all die widerlichen Mücken und Zecken? Sollen wir
auch noch Zeit und Geld für ihren Schutz aufwenden?

---

[23] *Frankfurter Rundschau* 01.04.2006, S.16.

Sicher, die Welternährung beruht auf nur etwa 20 Arten, die 90 Prozent unserer Nahrung liefern. Die genetische Vielfalt in diesen Arten wurde durch Züchtung reduziert. Diese Kulturpflanzen sind extrem krankheitsanfällig, und wenn man eine Wildsorte einkreuzt, kann man die Zucht robuster machen. Der Weizen ist so in der Tat schon gerettet worden. Was, wenn es die entsprechende Wildsorte nicht mehr gegeben hätte? Viele Arten sind zudem hübsch anzuschauen. Artenvielfalt hilft in der Landwirtschaft, kann dazu dienen, neue Medikamente zu entdecken, und wird auch industriell genutzt. Aber gleichwohl gilt, was der Ökologe David Ehrenfeld schreibt:

»Viele Arten, vielleicht sogar die meisten, haben im herkömmlichen Sinn überhaupt keinen Wert, auch keinen verborgenen. (...) Auch mit noch so viel Phantasie kann man sich nicht vorstellen, dass sie lebenswichtige Zahnräder in der ökologischen Maschine sein sollen.«[24]

Trotzdem ist Ehrenfeld für einen entschiedenen Artenschutz, denn er meint, dass Arten einen Wert an sich haben und dass »die Zerstörung der biologischen Vielfalt als solche ein Unrecht darstellt.«[25] Ehrenfelds Aussage lässt die Frage aufkommen, ab wann ethische Rechte beginnen und was ethisch überhaupt wertvoll und schützenswert ist. Eine Antwort auf diese Frage zu geben verschafft uns eine weitere wichtige Grundorientierung auf dem Weg zur Interessenethik, denn sie klärt, warum Interessen überhaupt elementar sind. Die einen setzen beim Menschen (anthropozentrische Ethik) oder bei

---

[24] Ehrenfeld 1992, 238.
[25] Ehrenfeld 1992, 238.

allen empfindungsfähigen Lebewesen (Leidensethiker bzw. Interessenethiker) an und meinen: Was Mensch oder Mensch und Tier nützt und für sie wertvoll ist, das allein ist ethisch relevant. Die anderen sehen dagegen Wert in allem, was kreucht und fleucht (Lebensethiker), oder sogar Wert in allem, was zur Natur gehört, etwa in Ökosystemen, Wüsten oder Felsformationen (Naturethiker).

Die Tiefenökologie auf dem Prüfstand

Gerade die Naturethik ist bei Naturschützern relativ beliebt, was allerdings der Beliebtheit der Naturschützer nicht unbedingt zuträglich ist. Moralische Beachtung verdient demnach alles Natürliche. In den USA hat sich die sogenannte »deep ecology«-Bewegung, die Tiefenökologie, gebildet, die folgendermaßen argumentiert: Natur ist auch dann wertvoll, wenn es gar keine Menschen oder Tiere geben würde, denen sie als wertvoll erscheint.

Naturethik/Ökozentrismus

Alles Natürliche verdient moralische Berücksichtigung.

a) *Holismus:* Die Gesamtheit der Natur trägt moralischen Wert, ihre Funktionalität ist vorrangig zu wahren.

b) *Individualistischer Ökozentrismus:* Alle natürlichen Größen zählen, d. h. Ökosysteme und Individuen.

Die Felsformation des Grand Canyon sei um ihrer selbst willen schützenswert, auch wenn es nie Menschen auf der Welt gegeben hätte, die sich daran erfreuten und mit Souvenirbuden Geld daran verdient hätten.[26] Ein edler Gedanke, der jedoch nach Begründung schreit. Zum einen geschieht das theologisch. Gott habe die gesamte Welt geschaffen, deshalb sei die gesamte Welt wertvoll. Zum anderen wird argumentiert (Achtung, jetzt wird's esoterisch), Gegner der Tiefenökologie gingen von einer falschen Zweiteilung der Welt aus, wie sie im westlichen, männlichen Denken beheimatet sei. Der Mensch werde der Natur gegenübergestellt, statt sich als Teil von ihr zu verstehen. In mystischen Erfahrungen von Einheit, im weiblichen Denken, in der Systemtheorie verschwinde diese Spaltung. So erkenne man, dass das Glück des Menschen nicht auf Kosten der Natur erzielt werden dürfe.

Das atmet den Geist der Romantik, hier liegt »Waldeinsamkeit« in der Luft, und Ganzheitlichkeit begeistert nicht nur den altachtundsechziger Psychologen. Aber was heißt es, dass der Mensch ein Teil der Natur sei, den man ihr nicht gegenüberstellen könne? Selbstverständlich ist der Mensch natürlich entstanden, und somit ist er ein natürliches Wesen. Gleichwohl kann man Teile der Natur gedanklich separieren und den anderen Teilen gegenüberstellen. Der Mensch ist ja nicht wortwörtlich identisch mit »der Natur insgesamt«, er ist auch weder ein Erdbeben noch ein Bakterium. Daher ist er unbedingt von anderen Teilen der Natur abgrenzbar. Insofern gehen »eins sein mit der Natur« und »ihr gegenüberstellbar sein« zusammen. Ist also mit der fraglichen These nur gemeint, dass Mensch und Natur etwas gemeinsam haben und voneinander abhängig sind? Das bestreitet niemand. Und daraus, dass wir mit der Natur etwas gemeinsam haben, folgt nicht, dass diese einen eigenen Wert hat.

Aber vielleicht meint der Naturethiker nicht, man könne, sondern man *solle* Mensch und Natur nicht einander gegen-

---

[26] Katz 1997.

überstellen. Aber warum sollte diese Norm gelten? Weil man die intrinsisch wertvolle Natur sonst schädige. Aber das setzt voraus, was gerade zu beweisen war, nämlich dass die Natur wertvoll an sich ist. Vielleicht, so mag der Naturethiker kontern, »erfährt« er diese Erkenntnis eben in der Mystik. Aber solche Erfahrungen hat bei Weitem nicht jeder Mensch (manch grober Hobel schläft bei Meditation immer nur ein), und sie widersprechen zudem oft allem, was wir im Lichte der Wissenschaft zu wissen meinen. Daher empfiehlt es sich kaum, gerade auf diese Intuitionen seine Ethik aufzubauen, wenn man auf weit geteilte Intuitionen angewiesen ist (das wissen wir aus Kapitel 5). Das gilt auch, wenn »Ganzheitlichkeit« im Zeitalter der gefühlsbasierten Achtsamkeit fast schon jedem Baby ein Bedürfnis ist. Die Mystik ist also eine Sackgasse, so hart das jetzt klingen mag.

Viele Naturethiker behandeln »die Natur« als einen großen Organismus, als ein Subjekt, dem Interessen und daher auch ethische Rechte zukommen.[27] Aber obwohl zur Natur jedenfalls Subjekte hinzugehören, besitzt »die Natur insgesamt«, nach allem, was wir wissen, keine der spezifischen Eigenschaften von Subjekten. Sie kann nichts empfinden, ist sich ihrer selbst nicht bewusst, kann nicht handeln oder rational überlegen usw. Etwas als Subjekt zu behandeln, das nahezu keine der Eigenschaften eines Subjekts hat, ist etwas schräg. So etwas tun außer einigen Naturethikern allenfalls religiöse Gemeinschaften. Aber mit deren Credo dürfen wir uns aus den schon genannten Gründen nicht begnügen. Sonst wird man das rationale Begründen aufgeben müssen.

Will der Naturethiker der Natur gleichwohl einen intrinsischen Wert zuweisen, aber nicht behaupten, die Natur sei ein Subjekt, dann muss er plausibel machen, dass Werte ganz

---

[27] Leopold 1979, 139f.

unabhängig von Subjekten bestehen. Er verweist dann häufig auf Intuitionen wie die, dass das auf der Welt wertvoll sei, was komplex oder wie im Falle des Grand Canyon einzigartig ist. Aber komplex ist auch der HI-Virus, ist er deshalb wertvoll? Und einzigartig ist dieser Virus auch, aber sollte man ihn deshalb schützen?

Zudem gibt es Konflikte innerhalb der Naturethik: Der Naturethiker hat das Problem, genauer anzugeben, was intrinsischen Wert besitzen soll. Bislang haben wir ja einfach nur von »der Natur« gesprochen. Geht es genauer um die Funktionsfähigkeit der Natur? Aber das heißt, jedes Individuum und auch jede Art kann als wertlos betrachtet werden, wenn sie für den funktionalen Ablauf der Natur nicht erheblich ist. Aber dazu muss kritisch bemerkt werden, dass der Mensch diesen Ablauf immens stört. Wir sind demnach verzichtbar, aber für gewöhnlich neigen wir dazu, das anders zu sehen. Oder sollte es sogar die Konsequenz der Ethik sein, die Menschen auszurotten, weil sie die Natur stören?[28] Naturethiker der gerade vorgestellten Art müssen sich auch mit manch anderen Naturschützern prügeln, wenn sie etwa eine seltene Spezies für funktional ersetzbar halten. Die »individualistischen« Naturethiker, die auch Individuen für an sich wertvoll halten, müssen hingegen Konflikte zwischen diesen Wesen untereinander und den Funktionen der Natur lösen. Wie gewichten, wenn alle Schutzbefohlenen aufeinander einprügeln?

Der Gegenpol zur Naturethik ist der Anthropozentrismus:

---

[28] Katz 1997, 17.

Der anthropozentrische Ethiker beruft sich häufig darauf, dass nur der Mensch Vernunft, Moral und Sprache habe und dass dies ihm allein Rechte verleihe.

Anthropozentrismus

Nur Menschen verdienen moralische Berücksichtigung, weil nur sie Vernunft, Freiheit und Moral haben. Natur wird geschützt, um menschliche Bedürfnisse zu sichern.

Das lässt sich entweder wieder religiös begründen (wir sind ja Gott so ähnlich, von dem keiner weiß, wie er ist) oder beispielsweise so, *dass nur Wesen Rechte haben können, die auch Pflichten erfüllen.* Nur mit ihnen ist es nach der Vertragstheorie (die kennen wir aus Kapitel 2) sinnvoll, Schutzverträge abzuschließen, denn nur sie können diese auch einhalten. Aber dass z. B. Tiere oder Kleinkinder oder geistig Behinderte Rechte haben, bestreitet heute kaum jemand, was die Vertragstheorie in ein schlechtes Licht rückt. Kritik kann man auch gegen Begründungen vorbringen, die mit Kant am Respekt vor der einzigartigen und komplexen menschlichen Vernunft ansetzen. *Menschsein ist nicht deckungsgleich mit vernünftig sein* (das sieht man nicht nur an Donald Trump), sondern es gibt auch äußerst intelligente Affen oder Wale.
Übrig bleibt dem Anthropozentriker dann nur, den Vorrang an dem Merkmal festzumachen, der Gattung Homo sapiens anzugehören. Wer das schafft, kommt ins Töpfchen, der Rest eher ins Kröpfchen. Damit macht sich der Anthropozentrist

nicht nur unbeliebt, er scheint eine willkürliche Grenze zu ziehen. Wo ist der Unterschied zum Rassisten? Der Rassist weist Menschen unterschiedliche Rechte zu, weil sie unterschiedliche Hautfarben haben, d. h. sich in einer belanglosen natürlichen Eigenschaft unterscheiden. Nichts anderes tut der Anthropozentrist, der ein (natürliches) Merkmal des Menschen ausnutzt, zu einer bestimmten Gattung zu gehören. Er wird daher analog als *Speziesist* bezeichnet.[29] Nur weil zufällig eine belanglose natürliche Tatsache gegeben ist, sollen unterschiedliche Rechte gelten. Der Leidensethiker greift zwar auch eine natürliche Eigenschaft heraus, um Rechte zuzuweisen, nämlich die Fähigkeit zu empfinden. Aber diese Eigenschaft ist eben nicht irgendeine belanglose, sondern sie ermöglicht erst, dass man überhaupt Interessen hat.

Doch schauen wir uns die *Leidensethik* einfach einmal genauer an:

Nur Interessen zählen

Leidensethik/Pathozentrismus

Nur leidensfähige Lebewesen verdienen moralische Berücksichtigung, weil man nur ihnen Schaden kann. Die Berücksichtigung muss jedoch je nach Art der Interessen des leidensfähigen Wesens unterschiedlich ausfallen. Leidensfähig ist, wer dies im Verhalten äußert und die neuronale Grundlage dazu besitzt (meist ein zentrales Nervensystem).

---

[29] Singer 2013, 107–111.

Nur leidensfähige Lebewesen verdienen moralische Berücksichtigung. Der Leidensethiker begründet es mit dem Wohlergehen von Lebewesen, dass man auf diese Rücksicht nehmen soll. Das kann man intuitiv gut nachvollziehen: Wir gehen allgemein davon aus, Steine nicht schädigen zu können, wohl aber empfindungsfähige Tiere. Dem Kind verbieten wir, die Katze am Schwanz zu ziehen, aber Steine darf es zerschmettern. Irgendwo muss die moralische Verantwortung beginnen bzw. enden, und der plausibelste Grenzpunkt ist die Fähigkeit, zu empfinden. Wir wissen aus unserer eigenen Erfahrung und Beobachtung, dass uns selbst und anderen Wesen Empfindungen etwas wert sind. Hier ist also ein Punkt, an dem Werte entstehen. Angesichts dessen bleibt es unklar, wie sich die Rücksichtnahme auf Steine begründet, selbst wenn die aus dem Grand Canyon stammen. Der US-amerikanische Philosoph Joel Feinberg bringt das auf den Punkt:

»Einem bloßen Ding kann man kein eigenes Wohlergehen zusprechen. Dies erklärt sich meines Erachtens daher, dass Dinge keine Strebungen kennen: keine bewussten Wünsche oder Hoffnungen, keine Regungen oder Triebe, keine verborgenen Neigungen oder natürlichen Befriedigungen. Interessen müssen sich irgendwie aus Strebungen aufbauen; daher können Dinge keine Interessen haben. Umso mehr haben sie kein Interesse daran, durch rechtliche oder moralische Normen geschützt zu werden. Ohne Interessen kann es für ein Wesen keine ›Güter‹ geben, deren Bewahrung oder Erlangung man ihm schulden würde. Bloße Dinge sind nicht aus eigenem Recht wertvoll; ihr Wert resultiert vollständig aus der Tatsache, dass sie Gegenstand des Interesses anderer sind.«[30]

---

[30] Feinberg 1986, S. 149.

Empfindungslose Dinge und Lebensformen kann man nicht schädigen, da sie kein Interesse haben, unversehrt zu bleiben. Es liegt ihnen nichts daran, zu existieren oder am Stück fortzubestehen, sie haben sich noch bei keiner Befragung anders geäußert. Ausnahmslos! Der Grand Canyon erhält demnach keine moralischen Rechte und keinen Wert an sich. Der Bereich der Verantwortung wird eingegrenzt und erstreckt sich nur auf Träger von Interessen. Diese müssen mindestens über ein Zentralnervensystem verfügen, das nach derzeitigem Wissensstand ihre Fähigkeit zu empfinden sichert.

Gleichwohl haben Interessenträger unterschiedliche Interessen, also Bedürfnisse. Die Versammlungsfreiheit von Affen oder das Wahlrecht von Delfinen zu schützen ist einigermaßen schwachsinnig, da diese Dinge nicht von diesen Wesen wertgeschätzt werden. Dieser Hinweis auf die Bedürfnisse erklärt, weshalb der Leidensethiker nicht verpflichtet ist, Tiere und Menschen in der Regel gleich zu behandeln. Es geht ihm erstmal um die »untere Grenze«, ab der überhaupt ethische Rechte vergeben werden sollten. Und da ist es plausibel zu meinen, dass ein Messerstich für ein Tier genauso schmerzhaft ist wie für einen Menschen. Daher haben beide ein großes Interesse, den Stich zu vermeiden. Peter Singer hat argumentiert, dass aufgrund dieser verschiedenen Bedürfnisse nur Wesen, die ein Interesse an ihrer Zukunft haben (Personen), ein Recht auf diese Zukunft haben (Lebensrecht). Andere Wesen haben nur ein Recht auf Schmerzfreiheit. Sie leiden demnach nicht daran, wenn sie ihre Zukunft nicht erleben, denn sie wissen gar nicht, dass sie eine solche haben.[31] Aber diese provokanten Thesen über die Rolle von Personen muss der Interessenethiker nicht vertreten, womit er sich gewaltig Prügel spart.

---

[31] Singer 2013, 145–173.

Aber vielleicht ist auch die vorrangig von Albert Schweitzer vertretene Lebensethik die vernünftigste Position:

> »*Ethik besteht also darin, daß ich die Nötigung erlebe,*
> *allem Willen zum Leben die gleiche Ehrfurcht vor dem*
> *Leben entgegenzubringen wie dem eigenen. Damit ist das*
> *denknotwendige Grundprinzip des Sittlichen gegeben.*
> *Gut ist Leben erhalten und Leben fördern; böse ist, Leben*
> *vernichten und Leben hemmen. Wahrhaft ethisch ist der*
> *Mensch nur, wenn er der Nötigung gehorcht, allem Leben,*
> *dem er beistehen kann, zu helfen, und sich scheut, irgend-*
> *etwas Lebendigem Schaden zu tun. Er fragt nicht, inwie-*
> *fern dieses oder jenes Leben als wertvoll Anteilnahme*
> *verdient, und auch nicht, ob und inwieweit es noch*
> *empfindungsfähig ist. Das Leben als solches ist ihm*
> *heilig.*«[32]

Lebensethik/Biozentrismus

Alle Lebewesen verdienen moralische Berücksichtigung, weil Leben zur Ehrfurcht nötigt. Die Berücksichtigung fällt ungleich für »höhere« und »niedere« Wesen aus, aber prinzipiell ist das Töten jedes Lebewesens ein Übel, das Schuld entstehen lässt.

---

[32] Schweitzer 1960, 328–346. Eine aktuellere Version der Lebensethik vertritt: Agar 2001.

Hat der Lebensethiker nicht schon deshalb recht, weil er sich gegen die Ausgrenzung von Pflanzen wehrt? Wendet sich die Blume nicht zum Licht und demonstriert so ihr Interesse an Licht, Leben und Achtsamkeit? Hier erwidern Leidensethiker, dass es viele Dinge in der Natur gibt, die so aussehen, »als ob« sie von Interessen und Zwecken gesteuert wären, ohne dass diese Zwecke und Interessen identifizierbar wären: Die gesamte Evolution sieht zweckgesteuert aus, aber wer ist das Subjekt, das diese Zwecke setzt? Das Herz scheint das Interesse und den Zweck zu haben, Blut zu pumpen, und entsprechend interpretieren wir sein »Handeln«. Aber es ist ihm zu unserem großen Leidwesen ganz gleichgültig, ob es diesen Zweck erreicht. Es fühlt sich auch nicht schuldig, wenn es den Dienst quittiert. Wäre das anders, dann müsste das Herz Gefühle und ein Hirn haben. Das Herz wurde von den anonymen kausalen Kräften der Natur herausselektiert, aber dass es ein Interesse bzw. einen Zweck hat, können nur wir Menschen in es hineininterpretieren. Damit ein Wesen Interessen haben kann, ist ein entwickeltes Nervensystem die zwingende Voraussetzung. Nur mit ihm kann man z. B. Schmerzen fühlen, denn es gibt eine Reizleitung und ein Zentrum, in dem diese Zustände registriert und auf den eigenen Körper bezogen werden. Sonst passiert es einem mitunter, dass man den Fauxpas begeht, sich wie manches Insekt selbst zu verspeisen, ohne es zu bemerken. Erst mit einem zentralen Nervensystem kann man Interessen entwickeln, sodass man sich selbst bewusst oder unbewusst als ein Etwas erkennt oder fühlt, das Schmerzen vermeiden will. Ansonsten wären die dominanten wissenschaftlichen Theorien darüber, wie Schmerzen entstehen, falsch. Das kann zwar immer mal der Fall sein, nur etwas Besseres als das haben wir eben auch nicht, Hexenglaube eingeschlossen. Daher nimmt die Leidensethik am ehesten auf den derzeitigen wissenschaftlichen Erkenntnisstand Bezug, wenn sie Pflanzen ausgrenzt, was wieder nicht »ganzheitlich« und gefühlsbasiert genug klingt, um Herzen zu erobern.

Allerdings hat die Pflanzenneurobiologie erstaunliche Dinge über die Fähigkeiten von Pflanzen entdeckt, etwa dass sie kommunizieren.[33] Aber das dürfte höchstens dafür sprechen, dass Pflanzen mit Bienen verglichen werden können, die aber auch keine Träger von Interessen sind. Und selbst wenn Pflanzen tatsächlich Interessen hätten, würde das nur die Menge der Lebewesen vergrößern, auf welche die Leidensethik anwendbar ist. Die Lebensethik belegt das nicht.

Der Lebensethiker führt uns nebenbei auch zu der absurden Schlussfolgerung, dass alle Einzeller Schutz genießen sollten: Wenn Albert Schweizer mit seiner Ethik der Heiligkeit allen Lebens ethische Schutzrechte auch auf Bakterien ausdehnen muss, weil auch sie leben, dann ist das skurril und unpraktizierbar. Sollen wir beispielsweise die Erreger der Schlafkrankheit schützen? Zwar kann auch in der Lebensethik ein hoch entwickeltes Leben (ein Mensch) einem weniger entwickelten Leben (einer Ameise) vorgezogen werden, wenn es zum Konflikt beider kommt. Aber jedes Leben genießt wenigstens insoweit Schutz, wie andere Lebewesen dadurch nicht beeinträchtigt werden. Jedes Töten führt zu Schuld.[34] Wenn ich Bakterien mit Antibiotika töte, fühle ich mich aber überhaupt nicht schuldig, sondern meist einfach besser, was darauf hinweist, dass die Lebensethik intuitiv an Grenzen kommt. Eine Ethik überfordert uns zudem, wenn sie uns zwingt, jeden Schritt zu überdenken, den wir tun, weil er einer Ameise das Leben kosten könnte. Man müsste dann wohl wie einige Mönche in Indien mit einem Wedel vor sich her wischen, um den Weg für den nächsten Schritt ameisen-

---

[33] Baluska u.a. 2006.
[34] Schweitzer 1960, 339f.

frei zu machen. Allerdings stärkt so viel Bewegung unsere Abwehrkräfte und kostet damit wieder Bakterien das Leben. Ein Teufelskreis.

Aus dieser Überlegung folgt, dass die Leidensethik die plausibelste Position ist und dass Naturschützer ihre Argumente sorgfältig überprüfen müssen. Wie Ehrenfeld zu argumentieren, dass die Natur oder die natürliche Vielfalt an sich wertvoll sind, kann nicht rational begründet werden. Aber für eine möglichst große Artenvielfalt lässt sich auch aus leidensethischer Sicht argumentieren, wenn Träger von Interessen Schaden nehmen. Allerdings kann man sich Situationen vorstellen, in denen es gerechtfertigt ist, Arten zu opfern oder ihr Genmaterial in die Labore der Genbanken zu verlagern – manchmal bleibt die Romantik eben einfach auf der Strecke.

Das Problem gewinnt aktuell eine besondere Brisanz durch den Klimawandel, denn es spaltet das »Grüne Lager«. Dazu ein Beispiel: Der Anbau von Biomasse für Biogasanlagen im Zuge des Ausbaus erneuerbarer Energien geht oft mit intensivierter Landwirtschaft einher. Das bedeutet, dass Weiden und Wiesen unter den Pflug müssen und Monokulturen entstehen. Beides trägt dazu bei, dass manche Käfer auf dem Acker den Dienst quittieren. Wenn man maximale Rücksicht auf den Artenschutz nehmen will, dann sollte man viele Biomasseprojekte überdenken. Indem man dem Artenschutz Priorität einräumt, leistet man also eventuell dem Klimawandel Vorschub. Paradoxerweise stellt der gleichzeitig die größte Bedrohung der natürlichen Vielfalt dar, was uns Djoghlaf zu Beginn des Kapitels bereits vorgerechnet hat. Allerdings trägt der Anbau von Biomasse zum Hungerproblem auf der Welt bei, denn auf Flächen für Energiepflanzen wächst keine Nahrung, was deren Preis steigert. Aber mit dem Rüstzeug, das wir uns gerade erarbeitet haben, können wir komplizierte Konflikte wie diesen ein Stück weit auflösen:

Fazit: Dem Klimaschutz gebührt Priorität vor dem Arten-schutz, wenn dieser nicht durch eine Interessenabwägung begründbar ist. Artenschutz um seiner selbst willen ist nicht geboten, denn es zählen nur Interessen in der Ethik, etwa die der Hungernden. Wie stark die bei der Biomasse betroffen sind, müsste empirisch ermittelt werden.

Aber um auf unser Ausgangsbeispiel zurückzukommen: Die Zukunftsaussichten der Opfer des Klimawandels werden durch fossile Kraftwerke schwarz wie Kohle, solche Kraft-werke sind interessenethisch hoch bedenklich. Hier und nicht beim Artenschutz liegen die wirklichen Argumente gegen das Kraftwerk Neurath. Vielleicht sind daher auf Neurather Wie-sen eher strategische Hamster herumgehoppelt, ausgesetzt von den letzten Verteidigern der Aufklärung?

7. KAPITEL

DURFTEN ÄRZTE DIE WACHKOMA-PATIENTIN TERRI SCHIAVO STERBEN LASSEN?

Über Menschenwürde als Prinzip der Ethik

Im Jahr 2005 wird der Wachkomapatientin Terri Schiavo nach einem jahrelang geführten Rechtsstreit zwischen ihren Eltern und ihrem Ehemann die Magensonde entfernt. Terri Schiavo stirbt nach wenigen Wochen, nicht ohne dass der Streit so eskaliert wäre, wie es nur in den USA möglich ist: Die Eltern riefen den Gouverneur Jeb Bush (Bruder des allseits gefürchteten George W. Bush) an, und der befahl sofort, die Sonde wieder da einzusetzen, wo sie hingehöre. Großes Kino! Die Gerichte widerriefen das aber, denn nach amerikanischem Recht darf eine Magensonde entfernt werden, wenn dies dem Willen des betroffenen Patienten entspricht. Terri hatte ihrem Ehemann gegenüber geäußert, dass sie in einer Situation wie der damals eingetretenen nicht weiterleben wolle. Dieser Fall beherrschte lange Zeit die Schlagzeilen in den USA. Besonders interessant ist, dass Befürworter und Gegner der Entscheidung, Terri sterben zu lassen, sich gegenseitig vorgeworfen haben, ihre Menschenwürde zu verletzen. Genauso wie bei diesem Fall einer passiven Sterbehilfe, d. h. beim Geschehenlassen des Sterbeprozesses, passiert das in der Debatte um die aktive Sterbehilfe, also beim aktiven Töten.

Die Gegner stehen auf dem Standpunkt, dass jedes Töten

eines Menschen seine Menschenwürde verletzt. So formulierte die Katholische Kirche in ihrem inzwischen aktualisierten Katechismus aus dem Jahre 1993 noch einige Sätze gegen jede Sterbehilfe, die zumindest an Klarheit nichts zu wünschen übrig ließen:

»Die direkte Euthanasie besteht darin, dass man (...) dem Leben (...) sterbender Menschen ein Ende setzt. Sie ist sittlich unannehmbar. Eine Handlung oder eine Unterlassung, die von sich aus oder der Absicht nach den Tod herbeiführt, um dem Schmerz ein Ende zu machen, ist ein Mord, ein schweres Vergehen gegen die Menschenwürde und gegen die Achtung, die man (...) dem Schöpfer schuldet.«[35]

Verteidiger aktiver Sterbehilfe, wie der Schweizer Verein Dignitas, werben hingegen mit dem Motto: »Menschenwürdig leben. Menschenwürdig sterben.« Ein Dahinvegetieren unter großen Schmerzen, in völliger Abhängigkeit von Maschinen und Pflegern und ohne die Macht, das beenden zu können, das sei wahrhaft unwürdig.

Ist »Menschenwürde« nur eine leere Floskel?

Kaum ein Appell ist in der gegenwärtigen Ethik häufiger zu hören als der, »die Menschenwürde« immer zu achten. Das wird sogar zum letzten Prinzip der Ethik gemacht, also zu einem Konkurrenzunternehmen für den Utilitarismus.

Der Appell klingt ganz vortrefflich, aber Philosophen haben nun einmal die lästige Angewohnheit, jede schön klingende scheinbare Selbstverständlichkeit so lange auf den

---

[35] Katechismus 1993, 2277.

Grill zu legen, bis sie ganz gar oder ungenießbar ist. Was ist also mit »Menschenwürde« gemeint? Wenn Verteidiger und Gegner aktiver Sterbehilfe den Begriff für ihre Zwecke verwenden und wir sie beide verstehen können, dann scheint der Inhalt dieses Begriffes recht dehnbar zu sein. Der Philosoph Norbert Hoerster wird noch deutlicher. Er meint, der Begriff »Menschenwürde« sei eine leere Worthülse, die jede Position für ihre Zwecke als »ideologische Waffe« gebrauchen könne.[36] Hat Hoerster recht? Das wäre problematisch. Immerhin basiert unsere Verfassung auf dem Wert der Menschenwürde. Spüren wir dem Begriff der »Menschenwürde« also etwas nach.

Was den Menschen vom Tier unterscheidet

Seit der Antike will der Mensch klären, was ihn eigentlich genau vom Tier unterscheidet und was ihn wertvoller als das Tier macht (denn es wäre ja schrecklich, wenn er das gar nicht wäre). Die Christen fanden eine Antwort, indem sie den Menschen als Ebenbild Gottes verstanden. Viele Philosophen glaubten, dass der Mensch denken könne, mache ihn wertvoller als das Tier. Der italienische Philosoph Giovanni Pico della Mirandola meinte im 15. Jahrhundert, die Freiheit des Menschen zeichne ihn aus, weil er seinen Weg durch die Welt selbst bestimmen könne, statt auf festgelegten Bahnen zu leben.[37]

Immanuel Kant hat diesen Ansatz aufgegriffen und erweitert, indem er die Freiheit des Menschen, moralisch zu leben, in den Mittelpunkt stellte. Damit sagt der Begriff »Menschen-

---

[36] Hoerster 2002, 24.
[37] Della Mirandola 1990, 7.

würde« historisch betrachtet etwas aus – aber eben vorrangig über Menschen im Gegensatz zu Tieren oder Dingen. Er regelt nicht, wie gleichermaßen freie und vernünftige Menschen sich untereinander verhalten sollen.

Die traditionelle Menschenwürde

Der Mensch hat Würde, weil er Denkvermögen bzw. Freiheit hat.

Der Begriff der »Menschenwürde« hat sich aus dem Bedürfnis entwickelt, den Menschen klar vom Tier abzugrenzen.

Hat die Würde des Menschen keinen Preis?

Spätestens mit Kant wurde das anders. Der führte nämlich noch einen weiteren Aspekt in die Diskussion ein. Wesen mit Würde sind nach Kant nicht gegen andere Wesen oder untereinander verrechenbar oder gegeneinander aufzuwiegen. Das mag als zentraler Drehbuchgedanke für zahlreiche Episoden aus »Star Trek« gedient haben, was sich Kant sicherlich auch nicht hatte träumen lassen. Was einen Preis hat, das kann man tauschen und aufrechnen, der Mensch hingegen hat eine unantastbare Würde. Darin steckt die Norm, dass man Personen nicht verrechnen soll, d.h. zum Beispiel nicht einen opfern darf, um zwanzig andere zu retten. Das ist genau der Sinn, in dem viele Menschen heute den Begriff der »Menschenwürde« gebrauchen: als Bezeichnung für einen Wert, der bei der Regelung zwischenmenschlicher Konflikte die letzte unantastbare Bastion darstellt. Kompromisslos, ausnahmslos, einfach, also quadratisch, praktisch, gut.

Wie begründet Kant das? Er beruft sich auf seinen Kategorischen Imperativ in der Formulierung: »Handle so, dass du die Menschheit sowohl in deiner Person als in der Person eines jeden anderen jederzeit zugleich als Zweck, niemals bloß als Mittel brauchest«.[38] Einen Menschen würdig zu behandeln bedeutet, ihn immer auch als Selbstzweck zu behandeln, ihn also nicht völlig zum Mittel für die Zwecke anderer zu machen.

Menschenwürde nach Kant

Basiert auf der 2. Formel des Kategorischen Imperativs: Einen Menschen würdig zu behandeln bedeutet, ihn immer auch als Selbstzweck zu behandeln, ihn also nicht völlig zum Mittel für die Zwecke anderer zu machen.

Die Würde des Einzelnen ist für Kant folglich ein absoluter Wert, etwas, an dessen Stelle kein Äquivalent gesetzt werden kann. Das impliziert die Norm, dass man Personen nicht verrechnen soll, d.h. nicht einen opfern darf, um zwanzig zu retten.

Wenn man einen anderen Menschen völlig zum Instrument für die eigenen Zwecke macht, dann instrumentalisiert man ihn wie eine Sache. Sklaven waren beispielsweise Menschen, deren eigene Interessen von ihren Besitzern völlig missachtet wurden und die ja auch rechtlich als Sachen bzw. Besitz galten, was keine Sternstunde des Rechtssystems war. Die Selbstbestimmung des Menschen darf Kant zufolge nie völlig aufgehoben werden. Dieses Verständnis von Menschenwürde hat unsere Verfassung und Rechtsprechung geprägt. Kant gelingt damit ein riesiger Schritt aus finsteren Jahrhunderten

---

[38] Kant 1983, Bd. 6, BA 67.

des Despotismus und der Menschenverachtung heraus – jetzt zählt endlich der Einzelne. Kant verbessert damit das Wohlergehen zahlloser Menschen, denn seine Gedanken durchziehen nicht nur die Köpfe, sondern auch das Rechtssystem seit geraumer Zeit. Und Kants Gedanken klingen ja auch ganz vernünftig. Angesichts dieser immensen Wirkungen und des Heiligenscheins, der Kant umleuchtet, obliegt dem Philosophen die leicht ketzerische Frage: Ist Kants Imperativ richtig?

Und die Antwort ist wieder mal was für echte Aufklärer: Nein, denn es gibt Fälle, in denen die völlige Instrumentalisierung eines anderen ethisch gerechtfertigt, ja geboten ist. Norbert Hoerster gibt ein Beispiel:

>   »*In einem See droht ein Kind zu ertrinken. Es kann nur dadurch gerettet werden, dass Meier und/oder Müller, die gemeinsam am Ufer stehen, in einem vor Anker liegenden Motorboot auf den See hinausfahren. Müller, dem das Boot gehört, will jedoch nicht fahren und auch sein Boot zur Lebensrettung des Kindes nicht zur Verfügung stellen. Darf Meier ihm unter Anwendung von Gewalt den Schlüssel für das Boot wegnehmen und das Kind retten?*«[39]

Jeder, der auf diese Frage mit »Ja« antwortet, stimmt zu, Müller völlig zu instrumentalisieren. Damit wird gemäß der Definition Kants seine Menschenwürde verletzt, denn Müller wird ja keineswegs zustimmen, wie rüde da mit ihm verfahren wird. Und gerade so erklärt Kant sein Kriterium: Man wird »bloß als Mittel« gebraucht, wenn man, ohne mitzuentscheiden und zuzustimmen, benutzt wird. Kant versucht übrigens zu zeigen, dass Müller allerdings bei reiflicher Über-

---

[39] Hoerster 2002, 15.

legung der Rettung zustimmen müsste, weil auch er in der Not die Hilfe anderer wünscht. Wenn er aber etwas verweigert, was er selbst gerne hätte, dann ist das ein Widerspruch, und da gibt es für Kant kein Pardon. Damit ist der Kinnhaken für Müller vermeidbar und der kategorische Imperativ gerettet. Puh!

Aber Kants These über Müllers Wünsche trifft nur auf die Mehrheit der Fälle zu, es mag Sonderlinge namens Müller geben, die keinen Wert auf Nothilfe legen. Müller könnte zudem auch nur den Wunsch haben, anderen ausschließlich die Rettung vor dem Ertrinken zu verweigern. Der Grund: Er selbst ist keine Wasserratte, d.h. ein Mensch, der nicht schwimmt und das Wasser nicht betritt. Sein Boot hat er nur zum Vermieten. Er weiß, dass er nie in die Notlage des Ertrinkenden geraten wird, weshalb er für solche Situationen weder Hilfe wünscht noch gewährt, weil da Kratzer ans Boot kommen könnten. Zudem gibt es viele Fälle, in denen etwas moralisch verboten sein sollte, die aber gar nichts mit Instrumentalisierung zu tun haben. Also: Das völlige Verbot der Instrumentalisierung und damit der Kategorische Imperativ und die kantische Unantastbarkeit der Würde versagen.

Wäre die Würde des Menschen wirklich völlig unantastbar, müssten wir viele alltagsmoralische Urteile, die von einer Interessenethik gerechtfertigt werden, auf den Kopf stellen. Weder dürften wir zustimmen, dass die Gesellschaft den Verbrecher durch den finalen Rettungsschuss völlig instrumentalisiert, da seine Tötung seine eigenen Zwecke bzw. Interessen irgendwie nicht beachtet. Ja selbst ein Kinnhaken für den unerfreulichen Müller wäre nicht vertretbar, auch wenn fünf Kinder im See zu ertrinken drohten.

Fazit: Wenn es moralisch gerechtfertigt, ja sogar geboten sein kann, jemanden völlig zu instrumentalisieren, dann kann es gerechtfertigt und geboten sein, wenn man seine Menschenwürde im Sinne Kants verletzt. *Diese Menschenwürde ist also weder immer zu achten noch das letzte Prinzip der Ethik.* Es bedarf tiefer liegender Maßstäbe, mit denen man beurteilt, wann man die Menschenwürde verletzen darf und wann man die Finger von ihr lassen sollte.

Menschenwürde heißt, nicht gedemütigt zu werden

Aber man muss das Projekt damit noch nicht aufgeben, aus der Menschenwürde die obersten Regeln abzuleiten, wie die Menschen miteinander umgehen sollen. Es gibt andere Ansätze als den von Kant, wenngleich Kants Theorie die wichtigste ist, auch weil sie die Urteile des Bundesverfassungsgerichts prägt. Der Kerngedanke eines viel beachteten Ansatzes lautet, dass menschenwürdig leben bedeutet, nicht gedemütigt oder erniedrigt zu werden.[40]

Demütigungstheorie der Menschenwürde

Eine Verletzung der Menschenwürde liegt vor, wenn eine Demütigung gegeben ist, bei der die Selbstbestimmung der Person verloren geht, d. h.: Wenn X jemand anderem *völlig* ausgeliefert ist, wenn er gehorchen und eigene Ziele aufgeben muss, dann wird seine Würde verletzt.

Subjektive Demütigung: Wenn sich die Demütigung als psychischer Schaden auswirkt, kann man sagen, dass sie vorliegt.

Objektive Demütigung: Wenn sich die Demütigung als Schaden auswirkt, der nicht auf psychischen Schäden basiert, kann man sagen, dass sie vorliegt.

---

[40] Margalit 1999, 23.

Folgende Szene verdichtet dies in einem Bild: Der Inbegriff entwürdigter Menschen ist in einem Foto aus der Nazi-Zeit zu finden, auf dem Juden unter Aufsicht eines Offiziers mit Zahnbürsten den Boden schrubben.[41]

Gedemütigt wird man gemäß dieser Theorie zumindest dann, wenn man seine Freiheit völlig aufgeben muss, etwa bei den Juden auf dem Foto oder bei der Folter. Völliges Ausgeliefertsein an die Willkür anderer, das entwürdige eine Person und schlage sich darin nieder, dass die Selbstachtung des Opfers beschädigt werde. Man solle niemanden demütigen, das sei die oberste Richtlinie der Ethik.

Nun ist es unstrittig, dass Menschen verletzt werden und man ihnen in der Regel schadet, wenn man sie demütigt. Also sollte man das lassen. Das kann man aber auch begründen, wenn man allein die Interessen der Betroffenen anschaut. Jemanden zu demütigen schadet dieser Person oft psychisch, und um das zu verbieten, braucht man nicht notwendig so etwas Ehrwürdiges wie die Menschenwürde vom Sofa zu bemühen. Zudem wäre es sicher nicht das größte moralische Übel, die Menschenwürde zu verletzen, wenn das nur beinhaltet, andere psychisch nicht zu schädigen. Der psychische Schaden, den ich Herrn Müller aus dem obigen Beispiel zufüge (vom blauen Auge einmal ganz abgesehen), wenn ich ihn demütige, wiegt nicht so schwer wie ein Menschenleben. Müller wird seiner Freiheit völlig beraubt und daher gedemütigt, wenn ich ihn niederschlage, um mit seinem Boot ein Kind aus dem See zu retten. Aber das Kind wiegt mehr als die sowieso leicht verschrobene Gefühlswelt von Müller. Psychischer Schaden kann ja wieder – je nach Schwere – heilen, anders als ertrunkene Kinder.

Aber vielleicht ist der Ansatz, den wir gerade untersuchen,

---

[41] Stoecker 2002, 135 f.

sogar völlig ungeeignet, die Menschenwürde zu fassen, weil wir uns hier nur die subjektive Demütigung ansehen. Nehmen wir einen Sklaven, der sich vielleicht gar nicht gedemütigt fühlt, obwohl er unfrei ist. Man kennt die Geschichten, in denen Sklaven in den Südstaaten es als Ehre betrachteten, bei angesehenen Familien im Haushalt zu dienen. Verletzen wir seine Menschenwürde, indem wir einen solchen Sklaven haben? Nein, falls es bei der Menschenwürde nur um Demütigung und psychischen Schaden geht. Denn weder fühlt sich der Sklave gedemütigt, noch wird ihm psychisches Leid zugefügt. Zeigt das nicht, dass dieser subjektive Ansatz zu kurz greift, um der Menschenwürde gerecht zu werden? Das könnte in der Tat so sein.

Ein Vertreter einer objektiven Demütigungstheorie wird meinen, es käme gar nicht auf die Gefühle des Gedemütigten an, sondern darauf, ob ihm objektiv ein Schaden zugefügt werde. Aber da schreitet der Kritiker sofort ein: Dann ist zu erklären, was ein objektiver Schaden für Müller – oder in unserem Beispiel für den Sklaven – ist, wenn der ihn weder jetzt noch in Zukunft spürt. Für den Interessenethiker ist solch ein Schaden für Herrn Müller, der sich nie in seiner Gefühlsbilanz niederschlägt, ein Phantom. Eine Person zu schädigen bedeutet, ihr Wohlergehen zu schmälern. Wird ein Schaden ohne sich geschädigt Fühlende nicht zur »metaphysischen« Phantasterei? Also ist auch Skepsis gegenüber der objektiven Demütigungstheorie geboten (mehr dazu übrigens in Kapitel 10), wenngleich das Verbot des Zwergenweitwurfs unter dieser Perspektive betrachtet dann eventuell ein Fehler war.

Menschenwürde als Achtung fundamentaler Menschenrechte

Ein anderer Vorschlag besagt, die Menschenwürde zu verletzen heiße einfach nur, die fundamentalen Menschenrechte zu verletzen. Ein Mensch lebt in Menschenwürde, wenn seine fundamentalen Menschenrechte geachtet werden. Klingt erst einmal ganz vernünftig.

Menschenwürde als Summe der Menschenrechte

Die Verhältnisse, in denen ein Mensch lebt, sind genau dann menschenwürdig, wenn sie die Minimalbedingung erfüllen, dass er seine Rechte wahrnehmen kann. Ein Mensch lebt in Menschenwürde, wenn seine fundamentalen Menschenrechte substanziell geachtet werden. Rechte auf körperliche Unversehrtheit, ein Existenzminimum und gewisse Freiheitsrechte gehören jedenfalls dazu.

Diesem Vorschlag kommt entgegen, dass auch im Alltagsdenken die fundamentalen Menschenrechte und die Menschenwürde oft nicht unterschieden werden. Verfassungsrechtler wie Roman Herzog zeigen die Dichte der Zusammenhänge auf, wenn sie schreiben, dass Menschenwürde »nicht verletzt werden kann, ohne daß gleichzeitig ein Menschenrecht verletzt würde, und umgekehrt kann kein Menschenrecht verletzt werden, ohne daß gleichzeitig die Würde des Menschen litte.«[42]

Aber dieser Schwenk macht die Menschenwürde wieder für die »Rüpelei« von Hoerster anfällig, der meinte, der Be-

---

[42] Herzog, zitiert nach Stepanians 2003, 81.

griff habe keine eigene Substanz: Das Opfer dieser Erklärung wäre der eigene Gehalt der Menschenwürde, denn sie bedeutet so eben nichts, was nicht auch in dem Begriff der »Menschenrechte« gefasst werden könnte. Und dass die Menschenwürde unantastbar wäre, kann man so auch nicht begründen, denn Menschenrechte können eingeschränkt werden. So schränken wir natürlich die Menschenrechte des Strafgefangenen ein (er kann sich nicht mehr zum Kanzler wählen lassen), und man kann enteignet werden, wenn eine Autobahn durch das Rosenbeet im Garten verlaufen soll.

Menschenrechte

Rechte, die dem Menschen qua Menschen und nicht aufgrund von persönlichem Verdienst zukommen. Meist unterteilt in
- *individuelle Freiheitsrechte:* etwa Meinungsfreiheit,
- *politische Teilnahmerechte:* etwa Wahlrecht,
- *soziale Teilhaberechte:* etwa Recht auf Arbeit.
Bei Kant und in vielen anderen Ansätzen kann im wörtlichen Sinne nur die prinzipiell vernunftbegabte Person als Träger dieser Rechte verstanden werden, nicht etwa der Mensch.

Fazit: Die Menschenwürde kann man als den Wert verstehen, den Menschen den Tieren voraushaben sollen. Damit ist aber für das zwischenmenschliche Verhalten noch nicht viel gewonnen. Das will Kant beheben und scheitert. Weiterhin kann man Menschenwürde so definieren, dass sie bestimmte Demütigungen verbietet. Diese wären aber auch schon verboten, weil sie Interessenträger schädigen. Falls sie das nicht tun, sind sie Phantome. Vielleicht geht Menschenwürde auch darin auf, dass fundamentale Menschenrechte gewahrt werden. Aber die so verstandene Menschenwürde ist verzichtbar und *nicht unantastbar*. Es gibt Situationen, in denen sie verletzt werden darf oder manchmal sogar werden muss. Festzuhalten ist, dass kein Verständnis von Menschenwürde die Last tragen kann, ein letztes Prinzip der Ethik darzustellen. Man kann eine Definition vorschlagen, aber diese kann nicht die Richtschnur vorgeben. Wenn man jemandem vorwirft, er verletze die Würde eines Menschen, dann waltet die berüchtigte Moralkeule höchst persönlich. Der Vorwurf stellt den Betroffenen ins Büßereck, ja oft in eine Reihe mit Nazis und anderen grässlichen Unholden. Das ist Unfug, denn es kann gute moralische Gründe dafür geben, die Menschenwürde zu verletzen. Allerdings müssen diese gravierend sein.

Bezogen auf den Fall von Terri Schiavo bedeutet das: Eine völlige Instrumentalisierung von Terri für Zwecke anderer lag nicht vor, sie hat dem Verfahren ja zuvor zugestimmt. Zudem wäre eine völlige Instrumentalisierung nicht per se schlecht. Mit Kant zu kommen führt hier nicht weiter. Wenn die Menschenwürde zu achten darin besteht, die Qualen einer Demütigung zu vermeiden, dann ist dieses Prinzip auf Terris Fall ebenfalls nicht anwendbar. Terri selbst konnte keine psychischen Qualen mehr empfinden. Besteht Menschenwürde darin, die fundamentalen Menschenrechte von Terri zu achten, dann haben wir einen Konflikt des Lebensrechts und des Rechts auf freie Selbstbestimmung, denn Terri wollte ja so nicht mehr leben. Hier gibt der Maßstab »Menschenwürde« keine Entscheidung her. Er drückt sich letztlich vor einer Antwort, denn er sagt nicht, welches fundamentale Menschenrecht im Notfall Vorrang hat, wenn man den Fall so aufziehen will, denn Menschenrechte sind ja eigentlich Schutzrechte gegen Vergehen anderer Personen. *Die Menschenwürde kann das Problem nicht lösen,* man muss andere Maßstäbe suchen. Ich empfehle hier eine utilitaristische Interessenethik.

8. KAPITEL
SOLL DIE FORSCHUNG BESSERE MENSCHEN MACHEN?

Über Natürlichkeit als Prinzip der Ethik

Wir schreiben das Jahr 2080. Krankheiten gibt es nur noch wenige, und ein IQ von 150 ist die Regel. Erste Menschen laufen 100 Meter in fünf Sekunden. Mit genetischer Optimierung, Implantaten und Neuropharmaka haben Wissenschaftler den Menschen von Grund auf verbessert. Ist das ein Horrorszenario oder der Weg in eine humanere Zukunft? Überraschen dürfte dazu viele die Meinung seiner Heiligkeit des Dalai Lama:

> »*Wenn es möglich wäre, negative Gefühle wie Ärger oder Eifersucht neurochirurgisch zu beseitigen – ohne die Intelligenz und den kritischen Geist zu beinträchtigen –, wäre ich der erste Patient. Ich habe Jahrzehnte meines Lebens mit Meditation verbracht, um ähnliche Dinge zu erreichen – wie viel Zeit hätte ich sparen können!*«[43]

Bei solchen Hoffnungen auf technische »Verbesserungen« des Menschen handelt es sich nicht nur um Science-Fiction-Fantasien. Erste chemische Präparate zur Optimierung sor-

---

[43] Rede bei der Konferenz der Society for Neuroscience am 12. Nov. 2005 in Washington. www.turmdersinne.de/magic/show_image. php?id=10241&download=1

gen für Aufsehen. Hier hat man heute schon Mittel entwickelt, die tatsächlich zum Einsatz kommen, wenngleich diese ursprünglich nur für Kranke gedacht waren – denken wir nur an Dinge wie Viagra. Neben solchen Mitteln für rein physische Funktionen konzentrieren sich die Pharma-Konzerne auf Präparate, die Stimmung und Gedächtnis verbessern sollen: »Der Umsatz mit Medikamenten gegen das Vergessen liegt derzeit bei rund 10 Milliarden Dollar. In den heutigen auf Rezept erhältlichen Arzneien sehen Experten nur die Vorhut einer Armada von Substanzen, die jedermanns Gedächtnis beflügeln könnten.«[44]

Zwar gibt es vielfach noch nicht mehr als Tierversuche, richtig schlau gemacht hat man bislang nur Mäuse. Aber immerhin können Mäuse mit dem Gedächtnismittel MEM 1414 viel besser durch Labyrinthe finden als normale Artgenossen, und andere Mäuse werden im Labor schon bis zu 75 Prozent älter, als es die Natur üblicherweise zulässt. Die Grenzen der Natur beginnen sich zu verschieben, die Pforte in eine schöne neue Welt ist schon einen Spaltbreit geöffnet. Verbesserung bzw. im Fachjargon »Enhancement« nennen Philosophen die Vision, die sich damit verknüpfen lässt.

Der Begriff »Verbesserung« wird gewählt, weil es nicht um Therapie für Kranke, sondern um Menschen geht, die mittels technischer Eingriffe in ihren Körper mehr können als gesunde Normalbürger. Der Begriff »liberal« wird dann verwendet, wenn ein Unterschied zur staatlichen Eugenik besteht, die in Huxleys Roman *Schöne neue Welt*[45] legendär beschrieben wird. Der Begriff macht klar, dass nicht der Staat bestimmt, wer und was verbessert wird. Die Bürger können sich und für ihre Kinder auf dem freien Markt aussuchen, ob

---

[44] *Süddeutsche Zeitung*, 06.07.2004.
[45] Huxley 2007.

sie Leistungen steigern und dem Weg des Dalai Lama folgen wollen. Doch auch die liberale Verbesserung ist umstritten, nicht zuletzt, weil viele dem autonomen Individuum nicht zutrauen, sich nicht in den Netzen der Werbung oder der Gier nach Statussymbolen zu verfangen. Konservative Kritiker befürchten das »Ende des Menschseins«. Befürworter hoffen, den Menschen von den willkürlichen Zwängen der Evolution zu befreien.

Verbesserung/Enhancement

Technische Eingriffe in den gesunden menschlichen Körper, die mit der Absicht vorgenommen werden, ihn zu verbessern. Man kann Enhancement durch Gentechnik, operative Eingriffe oder durch Konsum chemischer Präparate ermöglichen.

Bodyenhancement: Versuch, körperliche Leistungsfähigkeit, Aussehen, Alterung zu verbessern.

Neuroenhancement: Versuch, die kognitiven Fähigkeiten oder Gefühle zu verbessern. Sondertypus: Moralenhancement als Versuch, die moralischen Motivationen des Handelns (primär Altruismus) zu verbessern.

Zentrales Enhancement: Staatlich verordnete und kontrollierte, auf gesellschaftliche Zwecke ausgerichtete Maßnahmen.

Liberales Enhancement: Durch Interessen der betroffenen Individuen bestimmtes, marktwirtschaftlich organisiertes Enhancement.

Sozialstaatliches Enhancement: Wird staatlich finanziert, sobald der Wunsch dazu bei den Individuen vorhanden ist.

Das Verlockende einer Welt voller Supermenschen lässt sich schnell beschreiben: Für denjenigen, der verbessert wurde, könnte es erstens einfach ein tolles Gefühl sein, schnell laufen und sich besser konzentrieren zu können. Ebenso könnte er sich von lästigen Gefühlen wie Ärger und Versagensängsten befreien. Zweitens könnte ein solcher Supermann wichtige Positionen besetzen, weil er über Fähigkeiten verfügt, die sich zum Beispiel wirtschaftlich auszahlen. Und die Gesellschaft als Ganzes könnte drittens profitieren: In einer Welt voller Genies gäbe es eventuell mehr Erfindungen, mehr Wirtschaftswachstum, mehr Steuereinnahmen, ein weiterer Schritt auf dem Weg zum Schlaraffenland. Zudem wäre die Gesellschaft vielleicht insgesamt friedlicher, wenn viele selbstbewusste Menschen ohne Komplexe geboren werden. Selbst über eine Verstärkung der Antriebe für moralisches Verhalten (Altruismus etc.) wird nachgedacht, um die Klimakrise und den Terror einzudämmen.

Sind Verbesserungen unnatürlich?

Wie bedrohlich wird die schöne neue Welt? Eine besonders schillernde Befürchtung ist, dass die Natur des Menschen durch Verbesserungen manipuliert, wenn nicht gar eliminiert werden könnte. Chimären von Menschen und Tieren aus der antiken Fabelwelt werden auf einmal wieder lebendig, wenn Biologen wie der Amerikaner Lee Silver behaupten, dass alle tierischen Gene im Prinzip für Menschen adaptierbar seien. Da sehen wir bereits Zentauren aus dem Gebüsch springen. Zwar können wir so die Artenvielfalt wieder erhöhen, aber verlieren wir dabei nicht etwas von unersetzlichem Wert? Ist ein Herumbasteln an unserer Natur nicht pervers, ja befinden wir uns auf dem Weg, Frankensteins Monster real werden zu lassen? Zeigt uns die Natur nicht die Grenzen auf, an die wir uns halten sollen? Diese Frage verdient nicht nur unsere Aufmerksamkeit, wenn es um Verbesserungen geht. Sehr viele

Probleme werden von Menschen, der christlichen Moral und der Alltagsmoral so gelöst, dass sie sich normativ an der Natur orientieren. Natürlichkeit ist angefangen von der natürlichen Geburt, über die natürliche Ernährung, die natürliche Verhütung bis hin zum natürlichen Tod ein Orientierungspunkt für viele Menschen.

Natur/Natürlichkeit

Kausal nicht oder nicht völlig auf den Menschen zurückgehende Elemente der Welt sind natürlich. Natürlichkeit ist ein gradueller Begriff: Auch wenn es Natur im strikten Sinne nur noch im All oder in der Tiefsee gibt, ist der Schwarzwald viel natürlicher als der Potsdamer Platz.

Natürlichkeit als normatives Prinzip: Das Natürliche wird mit dem Guten verknüpft, und es entsteht die Handlungsvorschrift, möglichst im Einklang mit der Natur zu handeln.

Wie sollen wir mit diesem Maßstab unseres Handelns umgehen? Wir können den Einwand der Unnatürlichkeit gegen Enhancement erst einmal auf die menschliche Natur beschränken. Sie könnte ja so wertvoll sein, dass sich Eingriffe verbieten. Allerdings lässt sich bestreiten, dass Verbesserungen überhaupt gegen die Natur des Menschen ausgespielt werden können. Die Natur des Menschen umfasst eine große Liste von biologischen Eigenschaften und arttypischen Verhaltensmustern. In diesen Mustern ist die natürliche Fähigkeit des Menschen enthalten, seine eigene Natur zu verändern. Die Natur des Menschen besteht auch in seiner biologischen Anlage zur Kultur. Seine Biologie drängt den Menschen dazu, sich zu bilden und eine Kultur zu schaffen. Das bedeutet aber immer, dass biologische Neigungen und Eigenschaften verändert werden. So könnte das Leben in der Gesellschaft dazu beigetragen haben, dass sich die Biologie in puncto Behaarung des Menschen radikal verändert hat – Gott sei Dank! Demnach wäre die »menschliche Natur« nichts, was ein für alle Mal feststeht. Zwar kann sich der Mensch nicht völlig von seiner Biologie befreien, aber es gibt eine natürliche Tendenz dazu, dass Menschen selbst Hand an ihr natürliches Erbe legen. Davon zeugt das menschliche Verhalten in der Geschichte an vielen Orten, schon Ikarus wollte fliegen (die anschließende Bruchlandung stimmt melancholisch).

Man kann also nicht sagen, dass der Wunsch nach Verbesserung und der daraus resultierende Eingriff wider die menschliche Natur sind. Der Wunsch, besser zu werden, ist vielmehr in unserer Natur beheimatet und hat auch weite Teile unserer Kultur geprägt (man erinnere sich dankbar, welche schönen Worte wir ihm verdanken: Helikoptereltern, Burnout, Hochfrequenzhandel, Teleprompter). Den damit verbundenen Drang zum Fortschritt zu beschneiden, weil der Wunsch nach Verbesserung »unnatürlich« wäre, ist also ein falsches Argument. Man kann höchstens meinen, beim Verbessern wende sich ein Teil der menschlichen Natur, nämlich unser Streben, uns selbst zu überschreiten, gegen andere Teile, etwa unseren ererbten Körper. Das Problem kann man aber nicht aus der Welt schaffen, indem man sich auf den Wert der menschlichen Natur beruft, denn beide Streitparteien wissen diesen Wert auf ihrer Seite, wenn es ihn überhaupt gibt, was wir nun prüfen.

Ist die Natur ein Wert an sich?

Aber wie weit kann uns die Natur insgesamt als Handlungs-
maßstab dienen? Argumente, die jenseits der Religion zeigen
wollen, dass die natürliche Ordnung der Welt immer besser
wäre als die vom Menschen veränderte, sind verfehlt. Wenn
wir uns das »natürliche Gleichgewicht« da anschauen, wo es
noch ganz ohne menschliche Einflüsse besteht, dann sehen
wir kein Paradies. Nehmen wir zum Beispiel die Tiefe des
Meeres oder den Urwald, beide vom Menschen kaum berührt.
Dort ist kein »Garten Eden« zu finden, sondern es gilt nur
»fressen und gefressen werden«: Würde ich mich nur eine
Stunde derart blutrünstig und mitleidlos verhalten wie etwa
die Tiere des Dschungels, brächte mir das kein Denkmal, sondern ein paar Jahre Knast ein.

Wenn wir die Natur trotzdem für an sich wertvoll halten,
dann müssen wir den gesamten Fortschritt des Menschen als
Fehler einstufen, weil er Natur zerstört hat. Und das überzeugt nur wenige Menschen. Viele sind gerade stolz darauf,
Dämme gegen die Flut gebaut zu haben. Genauso sind viele
stolz, etwa Penicillin zu haben, statt an all den albernen
Krankheiten sterben zu müssen, welche die Natur für uns
bereithält. All das sind Siege über die Natur, die über lange
Jahrhunderte unser größter Feind war. In diesem Sinne wehrte
sich etwa Albert Schweitzer heftig gegen die Vorbildfunktion
der Natur: »Die Natur kennt keine Ehrfurcht vor dem Leben.
Die Natur ist schön und großartig, von außen betrachtet, aber
in ihrem Buch zu lesen ist schaurig. Und ihre Grausamkeit ist
so sinnlos! Das kostbarste Leben wird dem niedersten geopfert.«[46] Wie sollte so eine Natur uns Orientierung bieten?

---

[46] Schweitzer 1966, 32f.

Auch viele Freunde von Natürlichkeit sind nicht bereit, alles eindeutig natürliche Verhalten gut zu nennen, denn allein in der (menschlichen) Natur gibt es so viel Bestialisches, dass das verrückt wäre. Schauen wir uns die menschliche Natur noch einmal genauer an: Alle Verteidiger einer an sich wertvollen menschlichen Natur stehen vor dem Problem, dass man die »dunkle Seite der menschlichen Macht« (Kriminalität, Genozid usw.) von der anderen Seite (Liebe, Freiheit) abgrenzen muss. Die gesamte menschliche Natur kann man nur schwer als gut bezeichnen, soweit man sie überhaupt erkennen kann. Der britische Philosoph Jonathan Glover bringt es auf den Punkt, wenn er darüber schreibt, wie menschliche Eigenschaften zu bewerten sind: »Die Frage sollte nicht sein, welche Eigenschaften den zentralen Kern der menschlichen Natur ausmachen, sondern welche zum Kern eines guten Lebens beitragen.«[47] Das sagt nichts anderes, als dass Wohlergehen und nicht Natürlichkeit der Maßstab des Sollens ist. Meine Rede! John Stuart Mill – ebenfalls Brite und Philosoph, allerdings schon im 19. Jahrhundert – stellt die »Vorbildfunktion« der Natur prinzipiell in Frage, wenn er folgende Analogien bildet: »Entweder ist es richtig, dass wir töten, weil die Natur tötet, martern, weil die Natur martert, verwüsten, weil die Natur verwüstet; oder wir haben bei unseren Handlungen überhaupt nicht danach zu fragen, was die Natur tut, sondern nur danach, was zu tun richtig ist.«[48]

Es scheint, als würden viele Menschen die gnadenlose Härte der Natur nun auf einem Zivilisationsniveau vergessen, auf dem wir die Natur weitestgehend an die Kette gelegt haben. Das könnte daran liegen, dass wir nicht mehr wissen, wie es ist, einer mitleidslosen Gewalt ausgeliefert zu sein.

---

[47] Glover 2006, 87.
[48] Mill 1984, 33.

Fazit: Jedenfalls kann die Natur unserem Handeln keine Maßstäbe vorgeben und der Einwand, Verbesserungen seien unnatürlich und daher falsch, hat ein trauriges Schicksal: Erstens trifft er wahrscheinlich gar nicht zu, da Verbesserungen nicht unnatürlich sind, und zweitens wäre er verfehlt, auch wenn sie unnatürlich wären. Die Natur des Menschen ist nicht an sich wertvoll, sondern das ist nur das Wohlergehen der Menschen bzw. der Zentauren. Wenn man Verbesserungen bewerten will, muss man also nach anderen Argumenten suchen, zum Beispiel nach Folgen, die sich für die soziale Gerechtigkeit in einer Welt voller verbesserter Menschen ergeben.

9. KAPITEL
STARKE HIRNE – GUTE CHANCEN?

Über Gerechtigkeit als Prinzip der Ethik

Verbesserungen oder Enhancements nennt man, wie im letzten Kapitel ausgeführt, technische Eingriffe in den gesunden menschlichen Körper, die mit der Absicht vorgenommen werden, ihn zu verbessern. Man kann Enhancement durch Gentechnik, durch operative Eingriffe, etwa am Gehirn, oder durch Konsum chemischer Präparate ermöglichen. Wäre nun eine Welt, in der es solche verbesserten Menschen gibt, noch gerecht?

Gleiche Chancen in der Gesellschaft gäbe es vermutlich nicht mehr, wenn in Zukunft »Menschen mit Sattel auf dem Rücken und Menschen mit Stiefeln und Sporen« geboren werden, wie Thomas Jefferson es ausdrückte.[49] Eine Zwei-Klassen-Gesellschaft, in der Menschen sich abhängig von ihrem Geldbeutel genetisch radikal verbessern lassen, wäre der soziale Super-GAU. Dann würden die Schlüsselpositionen in Wirtschaft und Politik von dieser Klasse besetzt, und eine neue Kaste mit vererbbarer Eintrittskarte würde gebildet. Man denke nur an den Hollywoodfilm »Gattaca«, in dem die unveränderten Menschen die Putzkolonnen für die Büros der genetisch perfekten Raumfahrer stellen. Will man das vermeiden und an Verbesserungen festhalten, müsste der Staat eventuell dafür sorgen, dass jeder sich mit Blick auf Wettbewerbs-

---

[49] Thomas Jefferson zitiert nach Fukuyama 2004, 24.

vorteile radikal verbessern lassen kann, unabhängig vom Geldbeutel (sozialstaatliches Enhancement).

Verbesserung gratis?

Doch wer soll das bezahlen, wer hat so viel Geld? Vielleicht
könnten einige Staaten sich das in Erwartung höherer Steuer-
einkünfte, weil viele neue Erfindungen gemacht werden und
die Menschen belastbarer und produktiver sein werden, wirklich leisten, aber: Was wäre zum Beispiel mit Nigeria? Nicht
alle Staaten könnten Geld investieren, um ihren Bürgern radikale Verbesserungen zu ermöglichen. Das würde die Kluft
zwischen armen und reichen Ländern eklatant vergrößern. Es
gäbe also neue große globale Gerechtigkeitslücken. Aber auch
innerhalb der Gesellschaften, die sich sozialstaatliche Verbesserungen leisten könnten, lauern Gefahren: Würde nicht ein
gewaltiger sozialer Druck auf jenen lasten, die keinen Eingriff wünschen, weil sie Angst haben, ihre Persönlichkeit zu
beschädigen? Wie könnten ihre Leistungen mit denen der Supermenschen mithalten? Müssten diese Verbesserungsskepti-
ker entweder akzeptieren, zweitklassig zu sein, oder doch am
Wettrüsten der Verbesserung teilnehmen? Das klingt nicht
nach einer entspannten Welt, die auf den Massenburnout mit
dem Yogakurs reagiert hat. Wäre das durch Wettrüsten er-
zwungene Resultat dann aber noch eine »liberale«, selbstbe-
stimmte Verbesserung? Und wäre eine Gesellschaft, in der
Kritiker von Eingriffen so unter Druck gesetzt werden, noch
gerecht?

Selbst wenn Verbesserung gratis angeboten würde, stände
also die Gefahr im Raum, dass die Gerechtigkeit international und auch innerhalb der Gesellschaften zusammenbricht.
Die Chancen für die Unverbesserten wären um vieles schlech-

ter als die Chancen für Verbesserte: Chancengleichheit heißt, dass die Bürger bei gleichem Einsatz gleicher Fähigkeiten prinzipiell die gleichen sozialen Chancen zum Aufsteigen haben. Die sollen nicht durch ihre Ausgangsposition (Armut, Rasse, Geschlecht usw.) in der Gesellschaft behindert werden.[50] Das behinderte Mädchen, dessen Vater dem Alkohol zum Opfer fiel und dessen Mutter an der Supermarktkasse jobbt, soll genauso studieren können wie der braungebrannte Sprössling einer Anwaltsfamilie, mit Porsche und zehn Golfschlägern, wenn beide intelligent und fleißig sind. Das ist eine Keimzelle der Gerechtigkeit.

Den Begriff »Gerechtigkeit« gebrauchte man schon in der Antike und sein Kern lässt sich mit Platon in der einfachen und altehrwürdigen Formel fassen: *Gerechtigkeit herrscht, wenn jeder das erhält, was das Seine ist.* Was steht jemandem allerdings zu? Einige sagen, allen steht das Gleiche zu, weil sie in entscheidender Hinsicht, nämlich als Menschen gleich sind. Andere meinen, jedem steht das zu, was er verdient, und sie meinen damit, dass sich Tat und Verdienst proportional zueinander verhalten sollten. Hier wird also über die Verteilung von Gütern oder Chancen geredet, man spricht von materialer »Verteilungsgerechtigkeit«.

Ein nicht minder altehrwürdiges Gerechtigkeitsverständnis ist das von Aristoteles: *Gerechtigkeit bedeutet die Gleichbehandlung gleicher und die Ungleichbehandlung ungleicher Fälle.*

Wenn wir den Begriff »Gerechtigkeit« fassen wollen, müssen wir diesen Inhalten mindestens noch eine formale Komponente hinzufügen, die formale oder Verfahrensgerechtigkeit: Angesichts bestehender Normen und Gesetze bedeutet Gerechtigkeit, dass jeder den Normen und Gesetzen gemäß

---

[50] Rawls 1993, 93.

behandelt wird, ohne dass es willkürliche Ausnahmen gibt. Die könnten etwa nur von Namen oder der sozialen Stellung wie etwa der, der Neffe des Schwagers der Mutter von Putin zu sein, abhängen. Vor dem Gesetz sind alle gleich, das ist gerecht und das weiß jedes Kind.

Gerechtigkeit

Seit der Antike herrschen zwei Gerechtigkeitskonzepte vor, die Gerechtigkeit jedoch beide als Tugend auszeichnen. Platon: Nach Platon besteht Gerechtigkeit dann, wenn jeder das Seine erhält, also das, was er verdient (absolute Gerechtigkeit). Das erfordert nur den Blick auf einen Akteur und seine Taten. Aristoteles: Laut Aristoteles bedeutet Gerechtigkeit die Gleichbehandlung gleicher und die Ungleichbehandlung ungleicher Fälle. Das erfordert einen Vergleich mindestens zweier Fälle oder Taten (relative Gerechtigkeit). Das spiegelt sich in den Typen der Gerechtigkeit wider.

Formale Gerechtigkeit: Sie fordert als Verfahrensnorm die Unparteilichkeit (etwa bei Gericht) und Bindung von Institutionen an Regeln. Sie ist aristotelisch geprägt.

Verteilungsgerechtigkeit: Sie regelt die Verteilung von Gütern, Chancen oder Strafen. Einige Haupttheorien sind die im Kasten »Prioritarismus« schon genannten: Während Prioritarismus und Egalitarismus eher aristotelisch geprägt sind, stehen der Suffizienziarimus und die libertarische Gerechtigkeit eher in einer platonischen Tradition.

Gegen die Chancengleichheit, die uns in unserem Enhancementbeispiel beschäftigt, gibt es immer wieder Proteste. Werden im Dienste der Chancengleichheit nicht Chancen der Elite beschnitten, um Chancen anderer Menschen zu vergrößern? Ist die Debatte um »Chancengleichheit« nicht nur eine

»Neiddebatte«? Wieso ist uns Gerechtigkeit wichtiger als die Freiheit der Eliten? Und ist dieses Pochen auf gleiche Chancen nicht sowieso nur noch eine leere Worthülse, die von der sozialen Realität längst überholt wurde? Längst heiratet der Arzt nicht mehr die Krankenschwester, sondern die Ärztin, und die Kinder der beiden erben so einiges und haben natürlich Bildung und Tischmanieren eingetrichtert bekommen. Und auch diese Kinder gehen zur Privatschule und heiraten keine Krankenschwestern: Die Zweiklassengesellschaft lebt. Was wäre also schlimmer an Ungerechtigkeiten durch Verbesserungen als an denen, die wir sowieso schon allerorts auffinden? Wird hier nicht mit zweierlei Maß gemessen?

Gerechtigkeit um jeden Preis?

Doch bevor wir uns mit dieser Frage beschäftigen, sollten wir uns über etwas scheinbar Selbstverständliches Gedanken machen: Wieso ist Gerechtigkeit im Sinne gleicher Chancen wertvoll? Kann man behaupten, sie sei »wertvoll an sich«, unabhängig von den Folgen? Dagegen kann man ein – zugegebenermaßen sehr künstlich angelegtes – Gedankenexperiment anstellen, das sich darauf bezieht, ob Gerechtigkeit und Würde Werte an sich sind. Ist Gerechtigkeit wertvoll, wenn sie von niemandem gewünscht wird bzw. niemandes Glück vergrößert? Wäre es nicht völlig gleichgültig, ob Gerechtigkeit existieren würde, wenn sich niemand durch sie besser fühlt? Wenn wir solche Fragen beantworten können, erhalten wir über die konkrete Problematik hinausgehend Aufschluss über den Wert der Gerechtigkeit. Der wird ja in vielen Kontexten (etwa in der Klimaethik) als das Leitprinzip der Ethik verstanden.

Hier das skurrile Experiment: Sadomasochien ist eine

Welt, die aus Sadisten und Masochisten besteht. Die einen quälen gerne Menschen, selbst wenn diese Masochisten sind, die anderen werden gerne gequält, selbst wenn das Ungleichbehandlung und Demütigung bedeutet. Chancen aufzusteigen haben die Masochisten nicht. Aber das wollen sie auch gar nicht. Beide Gruppen sind maximal befriedigt in ihrer Welt, die Glückssumme ist groß. Wir haben es mit einem Glücksfall einer Koevolution zu tun, der uns fast wieder an den lieben Gott und die beste aller möglichen Welten glauben lässt... Nun gibt es ein schweres Gewitter und aus der Dunkelheit tritt unser irdischer Alltagsethiker auf, der den Geist Kants in sich trägt. Er moniert, dass diese Welt zutiefst ungerecht und menschenunwürdig sei. Die Sadisten beuteten die Masochisten ungerechterweise aus und behandelten sie nicht als Gleichgestellte (unabhängig davon, ob eine Zustimmung der Masochisten vorliege oder nicht, man könne sich nicht freiwillig versklaven), und die Menschenwürde sei nicht gewahrt. Dann ändert der irdische Moralapostel diese Welt, die danach gerechter und menschenwürdiger ist. Denn Gerechtigkeit (und Würde) sind von der Perspektive der Menschen und ihrem Glück unabhängig, zumindest frei nach Immanuel Kant, der vertritt: »Wenn die Gerechtigkeit untergeht, so hat es keinen Wert mehr, daß Menschen auf Erden leben (...) die Gerechtigkeit hört auf, eine zu sein, wenn sie sich für irgend einen Preis weggibt.«[51] Zudem versucht der Moralapostel, die Bewohner Sadomasochiens für die Werte sensibel zu machen, die sie seiner Meinung nach »übersehen« haben. Aber vergebens: Die unglücklichen Sadisten und Masochisten träumen an ihren Lagerfeuern von der schönen Vergangenheit, und ihre Lieder sind traurig.

Nun die Preisfrage: Ist die Intervention zu rechtfertigen?

---

[51] Kant 1983, Bd. 7, A 197.

Zeigt das Beispiel nicht, fachmännischer formuliert, dass Gerechtigkeit inklusive Chancengleichheit nur ein extrinsischer Wert ist, der nur zu begrüßen ist, wenn er Wünsche erfüllt und Interessen befriedigt?[52] Zwar mögen manche Leser diese Welt »traurig« finden, sodass man sich auf ihr keinen Platz in einem Neubaugebiet suchen würde. Aber haben wir das Recht, ihren Bewohnern Gerechtigkeit und Würde aufzuzwingen, selbst wenn sie diese *nie* akzeptieren und schätzen können? (Hier kommt die Argumentation gegen die objektive Demütigungstheorie der Menschenwürde ins Gedächtnis, die wir aus Kapitel 7 kennen.) Das Beispiel zwingt dazu, einige »selbstverständliche« Intuitionen auf den Prüfstand zu stellen.

Ich wage daher zu behaupten: Gerechtigkeit und Chancengleichheit sind nicht an sich wertvoll, genauso wenig wie es die Natur oder die Artenvielfalt oder die Menschenwürde sind. Aber heißt das, dass unsere Kritik an einer ungerechten Welt keine Munition mehr findet? Ganz im Gegenteil. Genauso wie der Artenschutz kann auch Gerechtigkeit unverzichtbar sein, wenn wir statt nach ihrem Eigenwert nach ihrem Nutzen für Wesen mit Interessen fragen. Tun wir das weiter, indem wir Enhancement diskutieren.

Verbesserungen und der soziale Frieden

Wir müssen verschiedene Verbesserungstypen unterscheiden, um ihren möglichen Nutzen bzw. Schaden zu ermitteln – und um auch die noch offene Frage, ob es denn auf das bisschen mehr Ungerechtigkeit überhaupt noch ankommt, zu beantworten. *Moderate Verbesserungen* liegen vor, wenn bereits

---

[52] Vgl. zum Primat des Guten: Horn 2011, 941.

beim Menschen existierende Eigenschaften gesteigert werden, und zwar in moderaten Schritten. Wenn Menschen plötzlich ganz neue Dinge, etwa Infrarotlicht sehen könnten, hätte man sie nicht nur moderat verbessert. Wenn ein IQ durch technische Eingriffe um acht Punkte erhöht wird, wäre das der Musterfall einer moderaten Verbesserung. Hier wird nicht versucht, einen neuen Menschen zu schaffen, der die Dimensionen des Bekannten sprengt. So viel kriegt man mit Psychotherapie und Training hin. Ein Maßstab für moderate Schritte könnte daher sein, dass die einzelnen technischen Verbesserungen auch im Prinzip durch Erziehung, Training oder Psychotherapie bzw. Blut, Schweiß und Tränen hätten erreicht werden können.

Ganz anders bei *radikalen Verbesserungen.* Ihre Befürworter geben sich oft »transhumanistisch«, ja sie gründen sogar Vereine, die sich dem Ziel verschreiben, neue, bessere Wesen zu schaffen, ein Anliegen, das sie direkt mit Kaninchenzuchtvereinen verbindet. Zumindest ist beabsichtigt, viele Menschen in die Nähe der derzeit möglichen Spitzenwerte zu bringen, die diese durch »konventionelle Mittel« nicht erreichen würden. Eine Analogie zu Erziehung und Training gibt es nicht. Die Grenzen, die bisher für unsere Art üblich waren, sollen gesprengt werden.

Radikale Verbesserungen unserer wettbewerbsrelevanten Fähigkeiten würden die Gesellschaft ungleicher machen, und zwar in einem solchen Ausmaß, dass dies eine neue Qualität erreichen würde. Und das würde diese Ungerechtigkeit von der bislang bekannten unterscheiden, sodass der oben in Zusammenhang mit Chancengleichheit angestellte Vergleich mit Privatschulen hinkt. 50 IQ-Punkte könnte niemand nirgendwo mehr aufholen, lebenslängliche Drittklassigkeit ist garantiert.

Im Bewusstsein des nicht radikal verbesserten Menschen

könnten sich zwei berechtigte und gefährliche Gedanken bilden. Erstens würde er denken, dass er selbst nun lebenslang einer minderwertigen Kaste angehört. Zweitens entstünde im Falle eines liberalen Enhancements eine große Wut auf die ungerechte Verteilung in der Gesellschaft, die den Reichen ein weiteres unverdientes Privileg zuspricht. Zwar mag auch die Natur beim Verteilen von Intelligenz und anderen Gaben »ungerecht« sein, aber daran lässt sich nichts ändern. Es ruft hingegen Wut und aktiven Widerstand hervor, wenn man von Menschen in diesem Maße ungerecht behandelt wird. Gegen die Natur kann man nicht protestieren und randalieren, gegen die Privilegien der Reichen aber schon.

Solche Gedanken könnten den sozialen Frieden torpedieren: »Wie kann ich es schaffen aufzusteigen?« Diese Frage, die sich amerikanische Tellerwäscher offenbar rund um die Uhr stellen, wäre im Falle der Möglichkeit radikaler Verbesserungen für Unverbesserte sinnlos. Sie könnten gar nicht aufsteigen (und ihre Kinder im Falle vererbbarer genetischer Verbesserungen ebenso wenig). Dieses Wissen lässt die betroffenen Menschen resignieren und macht sie aggressiv. Das ist eine gefährliche Mischung, aus der Unglück und Gewalt entstehen können. Zwar ist nicht in jeder ungerechten Gesellschaft der soziale Friede brüchig, aber das Risiko dafür erhöht sich mit krass zunehmenden Gerechtigkeitslücken. Der soziale Frieden ist ein hohes Gut, das auch im Interesse von Eliten liegt. Die sollten daher nicht protestieren, wenn ihnen dafür einige Chancen vorenthalten werden, sich zu verbessern.

Fazit: Wenn manche sich radikal verbessern lassen, um mehr Vorteile im Wettbewerb zu haben, ist das – zumindest wenn es liberal organisiert wird – aus Gründen der Gerechtigkeit abzulehnen. Dabei geht es nicht um Gleichmacherei als neidgeprägte Form der Sozialromantik, sondern um »Gren-

zen der Ungleichheit«, die zu überschreiten Gesellschaften zerstören kann.

Das gilt selbst dann, wenn Verbesserungen jedem vom Staat finanziert würden, weil dies die neue Zweiklassengesellschaft nur verschieben würde. Die Trennlinie verliefe dann zwischen Bürgern armer und reicher Staaten und zwischen Verbesserungsskeptikern und Verbesserten innerhalb einer Gesellschaft. Bei moderaten Verbesserungen sieht die Sache anders aus, wer sich dafür interessiert, sei auf die Literatur verwiesen.[53]

Fazit: Was wir mitnehmen können: Gerechtigkeit hat aus mindestens drei Gründen einen großen Wert für uns:

1. Sie verhindert, dass Leid von ungerecht Behandelten entsteht.
2. Sie sichert den sozialen Frieden einer Gesellschaft (und der Welt) und damit deren Überleben. In einer Gesellschaft, in der soziale Unruhen herrschen, kann man samstags nicht immer ungestört grillen.
3. Sie sorgt dafür, dass das moralische Empfinden der Bürger, die von einer Ungerechtigkeit erfahren, an wichtigen Punkten nicht verletzt wird.

Kaum etwas kann uns so empören wie Ungerechtigkeit. Wenn sie etwa das Leiden der Schwarzen unter einem Apartheidsystem beobachten, leiden alle moralischen Menschen mit, und Leid zu vermeiden ist ganz sicher ein Gebot der Ethik. Aber wir sehen, dass das, was an der Gerechtigkeit wirklich zählt, sich in der Sprache von Leid, Interessen und Wohlergehen ausdrücken lässt.

---

[53] Gesang 2007.

10. KAPITEL
DARF MAN DAS FLUGZEUG ABSCHIESSEN?

Über den Utilitarismus als Prinzip der Ethik

*»Ein von Selbstmordattentätern entführtes Passagierflug-
zeug darf auch im äußersten Notfall nicht abgeschossen
werden. Das hat das Bundesverfassungsgericht entschieden. Die Karlsruher Richter erklärten die im Luftsicherheitsgesetz enthaltene Ermächtigung des Verteidigungs-
ministers zum gezielten Abschuss eines gekaperten Zivil-
flugzeugs für verfassungswidrig und nichtig. Das gilt auch,
wenn das Flugzeug als Waffe eingesetzt werden soll. (...)
Das Luftsicherheitsgesetz verstoße gegen den Schutz der
Menschenwürde, stellte das Bundesverfassungsgericht in
seinem Urteil fest.«*[54]

*»›Wenn es kein anderes Mittel gibt, würde ich den
Abschussbefehl geben, um unsere Bürger zu schützen‹,
sagte Verteidigungsminister Franz Josef Jung (CDU).
Es gebe das Recht des übergesetzlichen Notstandes.«*[55]

---

[54] https://www.tagesschau.de/inland/meldung133132.html.
[55] http://www.spiegel.de/politik/debatte/berufung-auf-notstand-jung-
wuerde-entfuehrtes-flugzeug-abschiessen-lassen-a-505981.html.

So wogen die Wellen hin und her angesichts vieler Ängste, dass die Attentate vom 11. September 2001 sich wiederholen könnten. Selten hat man den Fall, dass sich Verfassungsorgane so munter widersprechen, hier geht's ans Eingemachte. Nehmen wir an, ein gekidnapptes Flugzeug mit 30 Passagieren und fünf wenig diskursfreudigen Terroristen an Bord hält Kurs auf ein Hamburger Bürogebäude, in dem 2000 Menschen arbeiten. Wie reagieren, wenn es kurz vor dem Aufschlag nur noch durch einen Abschuss über dem Meer vom Kurs abgebracht werden kann?

Ist ein Leben gegen viele Leben verrechenbar?

Juristisch ist die Sache eindeutig. Das Verfassungsgericht beruft sich auf die Menschenwürde und argumentiert, dass die Passagiere beim Abschuss »verdinglicht und entrechtlicht« würden. Aber das heißt nichts anderes, als dass sie instrumentalisiert würden, und wir haben schon gesehen, dass diese Argumentation aus ethischer Perspektive nicht so der Brüller ist (vgl. Kapitel 7). Zudem haben sehr viele Menschen die starke Intuition, dass man schießen sollte, weil das Leben der Passagiere sowieso verloren ist, während das der Menschen im Bürogebäude noch zu retten wäre. Die häufigste Reaktion von Studenten ist es zu schummeln, indem sie an den Bedingungen des Beispiels drehen: Könnte eine plötzliche Wende durch eine Unachtsamkeit der Entführer auftreten, die es dem Piloten erlaubt, vom Kurs abzudrehen? Aber wir setzen fest, dass das für unser Flugzeug unmöglich ist. Wie in von Schirachs Theaterstück *Terror*, das diesen Fall eindrucksvoll zum Thema nimmt, gesagt wird: Wunder geschehen, aber man kann nicht mit ihnen kalkulieren, dazu hat man nur Fakten. Zudem testen wir ja nicht die Realität, sondern unsere Intuition über die Verrechenbarkeit von Leben. Die Intuition der meisten Menschen, wie ich sie oben beschrieben habe, basiert auf der Pareto-Effizienz, die wir aus Kapitel 2 kennen: Warum nicht viele Menschen retten (= besser stellen), wenn dadurch niemand stirbt, der nicht sowieso schon sterben würde (= schlechter gestellt würde)? Außerdem gibt es auch oftmals eine utilitaristische Intuition, dass es sehr wohl möglich ist, wenige Leben gegen viele zu verrechnen, was das Verfassungsgericht klar zurückweist. Was sollen wir tun, wenn ein Terrorist im Flugzeug mit dem Piloten als einziger Geisel auf ein Atomkraftwerk zusteuert und durch eine genau platzierte Kollision an einer Schwachstelle das halbe Ruhrgebiet vernichten wird? Drei Millionen Tote gegen einen Unschuldigen? Würden wir im Ernst zögern, dieses Opfer in Kauf zu nehmen? Und wenn wir die Summe der Opfer immer höher schrauben, würden wir dann nicht zumindest bei 100 Millionen oder bei 5 Milliarden Opfern den Tod des Unschuldigen nicht nur erlauben, sondern fordern?

Gehen wir an anderen Stellen mit dem einzelnen menschlichen Leben genauso achtsam um, wie es die bei den Kritikern des Verrechnens im Hintergrund stehende *Lehre von der Heiligkeit des menschlichen Lebens* nahelegt? Wie viel wenden wir im Gesundheitswesen auf, um einen Patienten zu retten? Würden wir auch horrende Summen, etwa eine Milliarde Euro, für den Einzelnen bereitstellen? Wie viel ist uns die Sicherung von Stellen wert, an denen fortwährend unschuldige Menschen im Straßenverkehr zu Tode kommen? Nehmen wir das Beispiel von Alleebäumen, die immer schön aussehen, wenn sie grün im Winde wehen, aber leider häufig Komplizen beim Totschlag, d. h. an tödlichen Unfällen beteiligt sind. Hier haben wir das Leben der Opfer und dort die Interessen der Allgemeinheit an den schönen Bäumen. Rechnen wir hier nicht die Opfer, die ja völlig unschuldig gegen solche Bäume gedrängt werden können, mit den ästhetischen Interessen vieler Bürger auf? Müssen wir uns eingestehen, dass uns schöne Alleen mehr wert sind als einige vorzeitig aus dem Leben geschiedene Unschuldige? Rechnen wir also in der Realität nicht längst Leben auf, und zwar nicht nur gegen andere Leben, sondern gegen alle möglichen Interessen? Und was ist mit dem »finalen Rettungsschuss«? Der Polizist darf das Leben des gefährlichen Verbrechers gegen das möglicher Opfer aufrechnen und diesen töten. Der Staat verrechnet entgegen der Doktrin des Verfassungsgerichts, ganz klar auch wenn man hier Notwehr ins Spiel bringen könnte. Dann verrechnen wir aber nicht nie, sondern jedenfalls bei Notwehr.

Eine weitere Folge der Entscheidung, nicht auf das Flugzeug zu schießen, bestünde übrigens darin, dass Terroristen ermutigt würden, unschuldige Geiseln zu instrumentalisieren, denn sie wüssten, dass der Staat dann die Waffen streckt. Das ist kein Anreiz, den man Terroristen bieten möchte, wie der Angeklagte in v. Schirachs Prozess treffend bemerkt.

Konsequentialismus versus Pflichtethik

Unser Flugzeugbeispiel weist uns auf die wohl wichtigste Frontlinie der Ethik hin. Es geht um den Konflikt zwischen Ethiken, die Handlungen nach ihren Folgen (meist) für das Wohlergehen der Menschen und Tiere beurteilen (Konsequentialismus), und Ethiken, die manche Handlungsweisen für richtig, d. h. für eine Pflicht halten, unabhängig davon, welche Folgen sie haben (deontologische bzw. Pflichtethiken). Hier liegen sich die Gegner seit Jahrhunderten in matschigen Schützengräben gegenüber.

Konsequentialismus

Die Moralität von Handlungen ergibt sich allein aus ihrem Beitrag zum Guten in der Welt, und dieser bemisst sich nach den voraussehbaren Folgen für das Gute.

Je nach Theorie des Guten ergeben sich verschiedene Spielarten, z. B.:

Kontraktualismus: Nur Folgen bzgl. des eigenen Wohlergehens zählen.

Absoluter Prioritarismus: Nur Folgen bzgl. des Wohlergehens der Schlechtestgestellten zählen.

Absoluter Egalitarismus: Nur Folgen bzgl. der Gleichheit zählen.

Utilitarismus: Nur Folgen bzgl. der Gesamtsumme des Glücks/Wohlergehens auf der Welt zählen.

Absichten sind irrelevant bzw. allein als Ursachen für zukünftige Handlungen von Bedeutung. Eine böse Absicht wird dadurch definiert, dass sie einen schlechten Weltzustand, also schlechte Folgen erzeugt. Die Folgen sind daher primär, nicht die Absichten.

Der Deontologe bzw. Pflichtethiker par exellence ist Immanuel Kant. Er schreibt (wie oben schon einmal zitiert) in seiner *Metaphysik der Sitten:* »Wenn die Gerechtigkeit untergeht, so hat es keinen Wert mehr, daß Menschen auf Erden leben.«[56] Gerechtigkeit und Moral dienen bei Kant also nicht dem Wohlergehen der Menschen, sondern umgekehrt, der Mensch ist nur wertvoll, weil er moralisch sein kann. Folglich darf man Gerechtigkeit unter keinen Umständen aufgeben (etwa in Sadomasochien, das wir in Kapitel 9 bereist haben), denn es zählt nicht, was sich daraus für das Wohlergehen ergibt.

---

[56] Kant 1983 Bd. 7, A 197.

Pflichtethik/Deontologie

Handlungstypen (das Lügen, das Stehlen usw.) sind intrinsisch richtig oder falsch, unabhängig bzw. nicht allein abhängig von ihren Folgen. Im Extremfall erfüllt man seine Pflicht, auch wenn die Welt dadurch zusammenbricht.

Es gibt auch schwächere Formen als diese extreme, z. B. die Alltagsmoral, die Handlungen lediglich nicht allein anhand von Folgen bewertet.

Es braucht einen Maßstab, nach dem sich der intrinsische Wert von Handlungen bemisst. Meist ist dieser in der Pflichtethik der Kategorische Imperativ Kants, der in einer Formulierung lautet: »Handle so, dass du die Menschheit zugleich als Zweck, niemals bloß als Mittel brauchst« (vgl. Kapitel 7).

In der Alltagsmoral sind Intuitionen oft Quelle für die Erkenntnis intrinsischer Werte.

Viele Ethiker gehen einen anderen Weg, so zum Beispiel auch Kants Kontrahent David Hume. Hume betont, dass das Recht und die Moral von Menschen für den Menschen geschaffen wurden und daher dem Interesse der Menschen dienen sollen.[57] Die Moral wird gelobt, weil sie für uns und für alle nützlich ist. Das Allgemeinwohl liegt uns am Herzen, weil wir ein Gefühl des Mitleids für andere haben.

Die Pflichtethik kann man fragen, wie sie Menschen überhaupt motivieren kann, moralisch zu handeln, wenn die Moral als Verbieterin auftritt, die nicht dem menschlichen Wohlergehen dient. Platon und Aristoteles hatten Wert darauf gelegt, dass »gerecht sein« unverzichtbar für den Einzelnen wäre, weil nur der Gerechte glückselig werden könne.

---

[57] Hume 1955.

Kant reißt diese Brücke zwischen der Moral und den Herzen der Menschen ab. Die Folge: Viele Menschen zeigen dieser Moral die kalte Schulter. Zudem irritiert an der Pflichtethik Kants, dass die Welt als Folge einer Handlung aus Pflicht beliebig schlecht werden kann, was diese Pflicht aber trotzdem nicht aufhebt. Auch in der christlichen Ethik gibt es solche Strömungen, wie das Motto zeigt: »Der Christ tut recht und stellt den Erfolg Gott anheim.« Bei anderen Formen der Pflichtethik wird zumindest in Kauf genommen, dass die Welt schlechter wird, wenn man seine Pflicht erfüllt.

Bei Kant selbst wird die Sache oft rigoros: In seiner Schrift *Über ein vermeintes Recht, aus Menschenliebe zu lügen*[58] greift er das folgende bizarre Szenario auf: Ein unschuldig von einem Mörder verfolgter Freund sucht bei mir Unterschlupf. Ich gewähre ihm diesen. Etwas später klopft der Mörder an meine Tür und fragt, ob ich den Gesuchten beherberge. Was tun? Menschenliebe oder Wahrheit? Kant plädiert dafür, nicht zu lügen und den Freund dadurch zu opfern, da Lügen als Handlungsgrundsatz verallgemeinert zu einem Widerspruch führe. Hier bricht Kant auch mit der Alltagsmoral, die ihm bescheinigen dürfte, dass er schlichtweg nicht mehr alle Tassen im Schrank hat. Kompromisslose Pflichtethik artet aus in rigorose »Prinzipienreiterei«, in realitätsferne und fehlende Menschlichkeit.

Dem Utilitarismus wird stattdessen vorgeworfen, dass der Zweck die Mittel heilige. Um viele zu retten, könnten wenige Unschuldige geopfert werden, und man mache nichts falsch

---

[58] Übrigens macht Kant selbst in der *Metaphysik der Sitten* eine interessante Ausnahme: Die gerechte Todesstrafe kann ausgesetzt werden, wenn so viele Bürger eine Staates davon betroffen wären, dass der Staat kollabieren würde, falls das gerechte Blutbad wirklich stattfände. Hier sieht man schon, dass eine knallharte Pflichtethik für keinen durchhaltbar ist. Kant 1983 Bd. 7, A 202.

und lade keine Schuld auf sich. Auch hier rebellieren Intuitionen. Allerdings kann ein auf Wohlergehen bedachter Utilitarist stets sagen, eine Welt würde mehr Wohlergehen beinhalten, wenn das Opfer der wenigen nicht nötig gewesen wäre, um das Gute zu erreichen. Daher sei es sehr wünschenswert, so ein Opfer zu vermeiden.

Ansonsten kann dem Utilitarismus das Überforderungsproblem vorgehalten werden, zu dem ich schon in Kapitel 3 und 4 ausführlich Stellung bezogen habe. Weiterhin wird oft argumentiert, dass es bei vielen Werten nicht ausreiche, sie nur als Mittel für das Endziel von mehr Wohlergehen auf der Welt zu beachten. Da kontert der Utilitarist, dass das für unsere Welt ausreiche, ja sogar bessere Folgen als die Gegenstrategie habe (vgl. Sadomasochien in Kapitel 9). In Welten, die der unseren ganz unähnlich sind, können intuitiv befremdliche Ergebnisse herauskommen. Aber unsere Intuitionen sind für unsere Welt gemachte Wegweiser, und in einer völlig anderen Welt ist man mit ihnen orientierungslos. Natürlich ist den Philosophen an den beiden Theorien noch viel mehr zu nörgeln eingefallen, wir können hier nur ein Best-of der Einwände behandeln.

Ich meine nach Abwägung der Intuitionen und Theorien, dass nur eine Ethik überzeugen kann, die sich an den Folgen für die Interessen von Lebewesen ausrichtet. Eine Handlung, die das Wohlergehen von Lebewesen möglichst groß werden lässt, ist die richtige. Das kann man sich auch erschließen, wenn man sich folgende Zusammenhänge verdeutlicht:

Was genau genommen intrinsisch wertvoll ist, weil es das Wohlergehen konstituiert, sind als befriedigend empfundene Augenblicke. Diesen Augenblicken rief Goethe schon nach, sie sollten verweilen, denn sie seien so schön. Fast alles, was wertvoll ist, lässt sich in eine Folge solcher Augenblicke auflösen[59]. Dass ich den Nobelpreis anstrebe, erhält Wert durch Momente der Vorfreude und die Momente freudigen Empfindens, wenn ich den Preis habe. Die stellen sich ein, wenn andere mir Respekt zollen, wenn ich meine Urkunde betrachte usw. Lebenspläne und Projekte im Leben sollen langfristig schöne Augenblicke vermehren. Würden sie nicht in sie münden, wären sie sinnlos. Das vergessen wir oft in den ächzenden Mühlen des Alltags. Auch Lebewesen inklusive Personen sind wertvoll, weil sie Quellen freudiger Erlebnisse sein können. Jemand, der solche Erlebnisse überhaupt nicht hat, ist ein Selbstmordkandidat. Und mehr solcher Momente sind besser als weniger. Dazu auch das folgende kleine Gedankenexperiment: Spielen Sie mal Gott: Welche Welt würden Sie eher schaffen wollen? Ein Ödland aus Steinen oder eine Welt, in der freudige Momente empfunden werden? Die Antwort liegt deshalb auf der Hand, weil die letztgenannte Welt eben anders als die erstgenannte wertvoll ist. Man muss den beiden Welten nur die befriedigenden Augenblicke hinzufügen oder nehmen, um diese Intuition plausibel zu finden und den Wert der Augenblicke zu erkennen.

Fazit: Wenn man Utilitarist ist und die Umstände keine Alternative offenlassen, ist es nicht nur erlaubt, sondern geboten, das Flugzeug abzuschießen![60]

---

[59] Für Philosophen: Diesen Hedonismus diskutiere ich in Gesang 2011 a.

[60] Ein Sonderfall wäre es, wenn durch den Abschuss so eine Erosion des Abschussverbots erfolgte, dass letztlich mehr Leben vernichtet als gerettet werden würden. Aber das ist utopisch, allein deshalb, weil dann, wenn abgeschossen wird, eher weniger Maschinen gekidnappt werden. Der Anreiz dazu sinkt für Terroristen, denn die Erfolgschancen eines solchen Attentats verringern sich.

An unserem Beispiel zeigt sich, dass unsere alltagsmoralischen Intuitionen über das, was richtig und falsch ist, häufig nicht in sich stimmig sind. Während die meisten Menschen überzeugt sind, dass wir nicht Millionen von Leben für das eines Unschuldigen opfern dürfen, meinen oftmals dieselben Menschen in leichter Schizophrenie, dass wir einen Unschuldigen keinesfalls für das Leben von zwei anderen Unschuldigen opfern dürfen. Eine utilitaristische Analyse hingegen wäre: »Die Summe des Wohlergehens, d. h. im Beispiel die Summe der geretteten Leben, zählt. Also darf man in beiden Fällen den Unschuldigen opfern. Man muss es sogar, sofern das nicht bewährte gesellschaftliche Institutionen so beschädigt, dass das mehr Wohlergehen kostet, als es einbringt.« (Ein Beispiel für Letzteres gibt es gleich.) Eine pflichtethische Überzeugung wäre: »Man darf einen Unschuldigen niemals opfern, unabhängig von der Anzahl der Opfer, die diese Weigerung erzeugt.« Dabei wird der Utilitarismus in folgender Extremsituation plausibler, die wir in Kapitel 4 schon einmal heraufbeschworen haben:

Angenommen, Sie befinden sich in einem Stellwerk im Bergbau. Sie regeln den unterirdischen Verkehr der verschiedenen Waggonwagen mit Gestein. Da bemerken Sie, dass ein Wagen außer Kontrolle ist. Er rast unaufhaltsam auf ein Gleisende zu, an dem zwei Arbeiter arbeiten. Prallt der Wagen dort auf, werden die Arbeiter sterben. Zuvor gibt es aber eine Weiche und die können Sie umstellen. Wenn Sie das tun, wird der Wagen hin zu einem anderen Gleisende gelenkt, an dem derzeit nur ein Arbeiter arbeitet. Über die Arbeiter haben Sie keine weiteren Informationen. Wie werden Sie entscheiden?

Ein Beispiel, in dem man nicht die (scheinbar) meisten Leben retten sollte, wäre hingegen Folgendes, das oft zur Kritik des Utilitarismus verwendet wird: Im Krankenhaus liegen fünf Patienten, die ein je unterschiedliches neues Organ brauchen und sonst bald sterben werden. Ein Gesunder kommt zum jährlichen Gesundheitscheck fröhlich pfeifend ins Krankenhaus spaziert. Dabei kommt »nebenbei« heraus, seine Organe wären kompatibel mit den benötigten fünf Organen. Würde es nicht fünf Leben retten, wenn man den einen Gesunden »notopfert«?

Aber diese Entscheidung würde die Institutionen des Gesundheitswesens schwächen. Niemand würde mehr ins Krankenhaus kommen, könnte er dort geopfert werden. Die Abgrenzung von Krankenhäusern und Schlachthöfen wäre bald nicht mehr wirklich möglich. Am Ende würden mehr Leute wegen mangelnder medizinischer Versorgung sterben, als durch Notopfer gerettet werden könnten.

Aber man kann auch noch »tiefer« gehen, um zu antworten. Es würden nämlich die Menschen- bzw. Persönlichkeitsrechte des Gesunden in diesem Beispiel verletzt. Solche Rechte zu gewähren, ist eine soziale Institution, die den Erfolg der Moderne mitbegründet hat, da sie enorm viele Ängste nimmt. Sie vergrößert das Wohlergehen der meisten Mitglieder einer Gesellschaft. Und jetzt wird es virtuos: Gerade gegen eine utilitaristische Verrechnung des Einzelnen gerichtete Rechte können Glück schaffen und daher vom Utilitarismus unterstützt werden. Der Utilitarismus kann Kunststückchen, so z. B. sich selber als Entscheidungsprinzip für Handlungen ablehnen. Er sagt dann immer noch, was richtig ist, nämlich das, was Glück maximiert. Aber das bei jeder Entscheidung zum Prinzip zu machen kann nach hinten losgehen. Um glücklich zu werden, soll man beispielsweise nach dem Rat alter weiser Männer nicht immer bewusst das Glück anstreben, sondern die Glückssuche vergessen. Das gehorcht der gleichen Logik und diese Weisheit hängt im Postkartenformat an vielen Kühlschränken. Um Grundrechte einzuschränken, bedarf es massiver Gründe, wenn sie weiter als Schutzwall gegen z. B. staatliche Macht funktionieren sollen. Der Utilitarismus ist flexibel genug, Bausteine anderer Ethiken mit neuen Begründungen zu übernehmen. Beispielsweise kostet kurzfristige direkte Nutzenmaximierung (zum Beispiel Patienten zu »schlachten«) langfristig mehr, als sie nutzt. Langfristig bewährte Institutionen und Rechte werden so zerstört. Also: Finger weg!

Aber ist das nicht eine Verschleierungstaktik? »Lügt« man nicht, wenn man sich der Werte bedient, die man eigentlich für falsch hält? Würde der Utilitarist nicht sogar seinen besten Freund belügen, wenn er es für nötig hält? Heiligt der Zweck die Mittel? Andererseits: Finden wir es wirklich immer unverantwortlich, den besten Freund zu belügen? Angenommen, der ist krebskrank und wir würden ihm den Todesstoß versetzen, wenn wir ihn über das Ausmaß seiner Krankheit informierten? Ich wäre um das Wohlergehen meines Freundes besorgt, mehr als um die Wahrheit. Gerade mit der deontologischen »Bis-hierhin-und-nicht-weiter«-Mentalität verliert man den Kontakt zum Leben. Es gibt immer Situationen, in denen man das geringere Übel wählen und notfalls lügen muss. Aber auch hier kennt der Utilitarist Grenzen, wenn auch keine kategorischen: Wenn man zu oft auf Lüge setzt oder gar eine Ethik für die schlaue Elite von der für das dumme Volk unterscheidet, isoliert man sich. Jede Diskussion dient dann nicht mehr dem echten Meinungsaustausch, sondern strategischen Zwecken. Ich will nicht mehr wissen, sondern manipulieren. Gerade wenn man auf die sehr schwierigen Folgenabwägungen im Utilitarismus angewiesen ist, braucht man aber ehrliche Diskussionen und ehrliche Kritik, um sich nicht zu verrennen. Denn auch nur abzuschätzen, welche von zwei Handlungen das Wohlergehen insgesamt vergrößert, ist oft enorm schwierig; Kritiker des Utilitarismus meinen sogar: zu schwierig. Gleichwohl treffen wir im Alltag laufend solche Entscheidungen nach bestem Wissen und Gewissen. Aber dieses Wissen ist eben nicht so gut, wenn man nicht im offenen und ehrlichen Streit um Meinungen mitmischen kann, weil man strategische Lügen verheimlichen muss. Also: Lügen ist wie Rotwein – ja, aber in Maßen.

Natürlich könnte man aus der geschilderten Bergbautragödie und der sich auftuenden intuitiven Zwickmühle den Schluss ziehen, eine ganz andere Lösung zu brauchen als die, welche uns Kant oder die Begründer des Utilitarismus, etwa Frances Hutcheson, Jeremy Bentham oder John Stuart Mill empfehlen. Aber wie könnte diese Alternative aussehen? »Man darf einen Unschuldigen opfern, wenn die Zahl der dafür geretteten Leben x übersteigt«, das wäre der am besten vorstellbare Kandidat. Findet der Angeklagte in von Schirachs Theaterstück auch und setzt auf dieses Pferd. Aber das erweist sich bald als klapprige Mähre: Warum die Pflichtethik bis zur Zahl x richtig sein soll, während danach das Gegenteil richtig ist, das bleibt so völlig offen. So auch die Staatsanwältin im Theater, die sicher nach Jahrzehnten als Ginkgobaum und Zwergkaninchen nun als Kants geistige Schwester wiedergeboren wurde. Also wäre es nach dem richtigen, nämlich utilitaristischen Prinzip korrekt, auch einen für das Wohl von zwei zu opfern, wenn nicht die langfristige Vernunft (z. B. Institutionen, inklusive Grundrechte) dagegen spricht.

Das reine Bauchgefühl vieler Menschen ersetzt kein Argument. Bauen wir nur auf Bauchgefühle oder Intuitionen, dann werden wir schnell bemerken, dass die unterschiedlich sind, sodass wir insbesondere bei Menschen aus anderen Kulturen mit unseren gefühlten Selbstverständlichkeiten anecken. So meinen manche Kulturen wie die Eskimos und die alten Römer, dass kranke Babys und alte Menschen manchmal zur Entlastung der Gesellschaft getötet werden dürften. Viele andere Kulturen lehnen das als moralische Bankrotterklärung ab. Für diese Konflikte haben wir keine Lösungen, wenn wir nur auf Gefühle setzen, denn für Lösungen müssen wir aufeinander zugehen und unsere Positionen verändern. Während Gefühle aber einfach erst einmal so oder so sind, können Argumente und Begründungen kritisch hinterfragt und daher auch revidiert werden. Selbst Gefühle werden schwach, wenn man sie mit Argumenten zusammenbringt, das kann man den Eros des Geistes nennen. Nach einer Zeit der Aufklärung ändern sich z. B. religiöse Dogmen, was wir in Europa schon erlebt haben und wofür wir bei islamischen Ländern täglich beten (dass Beten nichts nutzt und was wir daraus lernen können, vgl. Kapitel 1). Ohne Argumente lösen wir keine Konflikte, und das bedeutet häufig, dass Gewalt das Kommando übernimmt. Zwar dürfen die Argumente unsere Gefühle nicht aus den Augen verlieren, aber es muss zu einer wechselseitigen Anpassung von Gefühl und Argument und von Theorie und Praxis kommen, um die beste Lösung zu finden. Im Fachjargon: Man muss ein Überlegungsgleichgewicht erstellen.

Das zeigt, dass wir in der Ethik nicht allein den moralischen Intuitionen hinterherlaufen und die Alltagsmoral nachzeichnen können. Wir müssen uns von unseren Intuitionen ein Stück weit lösen, und das heißt: Wenn wir eine widerspruchsfreie, begründbare und daher Konflikte lösende Ethik haben wollen, müssen wir es in Kauf nehmen, auch einige unserer moralischen Intuitionen zugunsten dieser Theorie zu verändern oder fallen zu lassen. Gefühle dürfen nie roh genossen werden, sie gehören erst in die Pfanne.

Überlegungsgleichgewicht

Rechtfertigungsmethode für Moralurteile. Zwischen theoretischen Überzeugungen und Gefühlen bzw. Intuitionen (Überzeugungen, die oft wegen starker Gefühle spontan für unbezweifelbar wahr gehalten werden) soll ein Ausgleich stattfinden. Beide Seiten müssen verglichen und in Übereinstimmung miteinander gebracht werden. Notfalls, indem Elemente auf beiden Seiten fallen gelassen werden. Das Ergebnis soll ein gerechtfertigtes Moralurteil sein.

Gegner argumentieren, dass moralische Intuitionen keine Instanz für moralisch Richtiges sind, sondern selbst erst durch Theorien auf Richtigkeit geprüft werden müssen, da sie oft nur Vorurteile sind.

Verteidiger meinen, Intuitionen außen vor zu lassen, sei schlichtweg unmöglich. Rechtfertigung im Überlegungsgleichgewicht verbessert die Stimmigkeit der Urteile, liefert aber keine Letztbegründung.

Aus der immer noch verbleibenden Relativität macht die Staatsanwältin in von Schirachs Stück einen Punkt. Sie betont, dass es eben zu unterschiedlichen Ergebnissen führe, sich an der Moral zu orientieren. Der Islamist habe eine andere Moral als der Aufklärer. Daher müsse man nach festen Prinzipien urteilen, die allein das Recht vorgebe. Und das bestehe in der Verfassung und ihrem Grundsatz der Menschenwürde. Sollten wir unser Urteil, ob wir schießen oder nicht, auf dem schlammigen Untergrund der Moral bauen oder sollten wir »Dienst nach Vorschrift« machen, den Fall also so beurteilen, wie es uns das Recht vorgibt?

Den Punkt habe ich gerade zum Teil eingeräumt, indem ich schrieb, dass Moralurteile immer schlammig, da intuitionsabhängig sind (siehe Kapitel 5). Aber: Wenn wir das Recht stattdessen zur Leitlinie erklären und es ohne Prüfung durch unser Gewissen und unsere Moral anwenden, ist auch das gefährlich. In Gesetzen kann zutiefst Unmoralisches verfügt sein (z. B. Gesetzgebung im Nationalsozialismus). Schlechte Gesetze einfach zu befolgen kann auch in Teufels Küche führen, d. h., es wäre ein Verbrechen, das später sogar zu Verurteilungen vor internationalen Gerichten führen könnte. Nun gibt es in der Rechtsphilosophie die sogenannte »Radbruchsche Formel«, die sich nicht etwa mit Reifenpannen beschäftigt, sondern auf den Rechtsphilosophen Gustav Radbruch (1878–1949) zurückgeht und den Zusammenhang von Recht und Moral deutlich machen soll: Recht ist zu befolgen, es sei denn, es führt zu einem unerträglichen Unrecht. Im Prozess meint die Staatsanwältin, eine solche Situation liege nur vor, wenn es z. B. darum gehe, einen Tyrannenmord zu rechtfertigen. Aber Tausende Unschuldige zu opfern, das ist für viele Menschen jedenfalls ein unerträgliches Unrecht. Es ist relativ, wann so eine »Unerträglichkeit« vorliegt. Auch das sieht der Islamist anders als ich. Nach Radbruch wäre ein Gesetzesbruch wie im Stück also gegebenenfalls zu rechtfertigen. Es gibt nicht den eisernen, aber klaren Weg des Rechts und dem gegenüber die wacklige und unsichere Moral. Man kommt um die wacklige Moral nicht völlig herum, denn wenn man beschließt, dem Gesetz zu folgen, macht man es zu seiner Moral. Außerdem will man nicht in die Fallen eines blinden Gesetzesgehorsams tappen, gemeinsam mit Nazis, Stasi-Offizieren und Apartheitspolizisten in Südafrika.

Fazit: Man sollte im eingangs beschriebenen Fall utilitaristisch, an den Folgen für das Wohlergehen aller ausgerichtet, entscheiden, und es ist moralisch richtig, ja geboten, dass der Kampfpilot im Beispielfall das Flugzeug abschießt. Das bedeutet nicht, dass er automatisch freigesprochen werden muss, denn sonst vermischt man rechtliche und moralische Fragen. Auch wenn es moralisch richtig war zu schießen: Der

Angeklagte hat Selbstjustiz verübt. Das hohe Gut des für alle verbindlichen Rechts steht also auf dem Spiel, ohne das steuern wir Richtung Wilder Westen. Man könnte den Weg gehen, einfache, unmissverständliche Gesetze bestehen zu lassen und moralisch zu rechtfertigende Zuwiderhandlungen im Einzelfall milde zu bestrafen. So wurde auch beim Folterverbot verfahren (dem berüchtigten Fall des Polizeipräsidenten Daschner, der foltern ließ, um das Versteck eines entführten Kindes in Erfahrung zu bringen). Oder man kann mit der Radbruch'schen Formel arbeiten, die allerdings auch Schwächen hat. Aber das ist ein neues Problem, das in die Rechtsphilosophie gehört.

Ich möchte dafür werben, die pflichtethischen Intuitionen fallen zu lassen, wo sie nicht in einen wohlerwogenen Utilitarismus integrierbar sind. Das bereitet sicherlich vielen Menschen Bauchschmerzen, aber auch eine Ethik, die schwer im Magen liegt, kann richtig sein. Vielleicht muss man sich nur vorstellen, dass die geopferten konsequentialistischen Intuitionen noch schwerer im Magen liegen würden. Jedenfalls lege ich Wert darauf, dass es immer darum geht, ein »Gesamtpaket« einer Ethik zu akzeptieren. Es ist schwer begründbar, wenn man beim einen Problemfeld zum Beispiel pflichtethisch argumentiert und beim anderen konsequentialistisch. Wenn man A sagt, muss man auch B sagen können.

II. Erstaunliche Konsequenzen der Interessenethik: Weltarmut

11. KAPITEL
WIR WERDEN WENIGER – UND DAS IST EIN SEGEN

Fluch oder Segen?

Wenn wir die Bereiche identifizieren, in denen wir das meiste Wohlergehen vernichten und die dem Interessenethiker daher die meisten schlaflosen Nächte bereiten, sind das Armut, Leid der Tiere und Raubbau an zukünftigen Generationen. Wie könnte man sich vorstellen, wenigstens teilweise aus der Misere herauszukommen? Einen recht idealistischen ersten Schritt möchte ich skizzieren, auch wenn er in weiten Bereichen verlangt umzudenken. Beginnen wir an einer wohl unerwarteten Stelle, dem demographischen Wandel:

*»Die deutsche Bevölkerung schrumpft. An dieser These
zweifelt niemand. Der Bevölkerungsrückgang in den
kommenden Jahrzehnten hat dramatische Konsequenzen
für unsere Sozialsysteme. Zu wenig Kinder bedeutet auch
zu wenig Beitragszahler.«*[61]

Sind wir bald ein großes nationales Pflegeheim? Die Bevölkerung der Industrieländer altert rapide. Die Sozialsysteme ächzen, die Angst regiert. Welche Lösung für dieses Problem
könnte uns ein Interessenethiker empfehlen? Sollen wir einfach nur dem Buch der Bücher folgen und gemäß dem Prinzip »Seid fruchtbar und mehret euch« leben? Nein, die Interessenethik zwingt uns hier – wie schon so oft – zu einem
Umdenken. Es wird in der öffentlichen Debatte übersehen,
dass der demographische Wandel auch Vorteile hat. Diese
zeigen sich beispielsweise auf dem Arbeitsmarkt, der heute
schon gegen Vollbeschäftigung tendiert. Aber auch sonst hat
diese Entwicklung ihre Vorteile.

Weniger Menschen – kleinere ökologische Rucksäcke

Mit dem magischen Auge einer Interessenethik besehen,
sind weniger westliche Wohlstandsbürger ein Segen. Wenn
weniger Menschen mit hohem Energieverbrauch und gro
ßem »ökologischen Rucksack« erwartet werden, ist das eine
gute Nachricht, auch wenn uns die Schlagzeile »Deutschland
schrumpft« bei der morgendlichen Zeitungslektüre Kaffee
verschütten lässt. Diesen Fakt muss man so in eine politische
Strategie integrieren, dass seine bedrohliche Seite beherrschbar wird. Das will ich hier versuchen.

---

[61] http://www.dradio.de/dlf/sendungen/interview_dlf/245841/.

Wir ignorieren die positiven Seiten von weniger Geburten, weil wir den Blick für die ganz große Herausforderung der Zukunft verloren haben: Wie schaffen wir Wohlergehen für immer mehr Menschen und die Tiere auf einem Planeten mit ökologischen Grenzen? Realität ist: Bevölkerungswachstum und Globalisierung sorgen für eine ständig wachsende Wirtschaft, und dieser Moloch zerstört Umwelt und Klima. Die Äcker versteppen, die Wasserversorgung wird schlechter und irgendwann geht uns das Öl aus.[62] Die Armut regiert den Großteil der Menschheit, und der globale soziale Unfrieden wächst. Das sind die eigentlichen Probleme der Zukunft. Angesichts dieser Realität ist ein verringertes Bevölkerungswachstum global erwünscht, z. B. weil es dadurch auch weniger CO_2-Emmitenten gibt.

Taumelnde Sozialkassen?

Aber wir leben in Deutschland, und da wird der Rentenzahler der Zukunft fieberhaft gesucht. Dieses Problem ist jedoch politisch gestaltbar. Wie? Indem man Arbeit intelligent verteilt und Sozialsysteme immer weniger so finanziert, dass man Arbeit belastet. Der Naturwissenschaftler und Politiker Ernst Ulrich von Weizsäcker schlägt dazu eine nur auf den ersten Blick paradoxe Mischstrategie vor. Früher Verrenten und gleichzeitig die Lebensarbeitszeit verlängern: »Arbeitsplätze, die sich hauptsächlich für Jüngere eignen, sollten von den Älteren frühzeitig verlassen werden.« Dafür sollten »Arbeitsplätze geschaffen werden, die für Jüngere nicht ernstlich in Frage kommen. Typischerweise handelt es sich um Teilzeitarbeiten, von denen ein Alleinverdiener niemals eine Familie

---

[62] Randers 2012.

ernähren könnte.«[63] Arbeit intelligent umverteilen, durchschnittlich längere Lebensarbeitszeit, die Jungen besser qualifizieren und die Alten lebenslang in Computerkurse schicken, die Erwerbstätigkeit der Frauen steigern, das sind Mittel, um das nationale Pflegeheim jenseits der Weihnachtsfeier zu mobilisieren. Aber ein zentrales Mittel für eine bessere Welt fehlt:

In einer vornehmlich grauhaarigen Gesellschaft mit flächendeckendem Hörgeräteinsatz kann das vitale natürliche Gleichgewicht fehlen, wenn die beim Anti-Aging erhofften dynamischen alten Menschen, die täglich Tango tanzen (vgl. Kapitel 21), noch nicht verwirklicht sind. Aber man kann durch ein neues Modell von Zuwanderung verhindern, dass wir überaltern. So kann man auch einen eventuellen volkswirtschaftlichen Leistungsabfall regulieren. Es gibt viele Länder, deren Alterspyramide der unseren genau entgegengesetzt aufgebaut ist. Jede Unternehmensberatung würde hier zu Fusionen raten.

Warum nicht einen neuen Gedanken wagen? Man sollte überlegen, Win-win-Partnerschaften zwischen je einem Industrie- und einem Entwicklungsland (oder einer Provinz desselben, je nach Ländergröße) zu etablieren:

Win-win-Partnerschaften

Erste Stufe: Wir fokussieren unsere Entwicklungshilfe auf ein politisch stabiles Land oder eine Provinz eines Landes, in der die althergebrachte Tauschwirtschaft nicht mehr funktioniert und Armut herrscht, z.B. in einigen Provinzen Brasiliens und deren Megametropolen, inklusive gruseliger

---

[63] Weizsäcker v. 2000.

Slums.[64] Unsere Hilfe wird dort besonders wirksam, weil politische Umstürze fehlen und all die hübschen neu gebauten Bahnhöfe und Hafenanlagen nicht sofort wieder kaputtgeschossen werden. So werden stabile Verhältnisse auch für andere Entwicklungsländer erstrebenswert, denen Industrieländer Win-win-Partnerschaften in Aussicht stellen. Bei uns setzt – wie bei UNICEF-Patenschaften mit Personen – eine Identifikation mit »unserem Partnerland« ein. Diese ruft auch private Hilfsbereitschaft hervor, wenn sie durch die Medien entsprechend unterstützt wird. Globale und daher oft anonyme Hilfe läuft den Gesetzen unserer Psychologie entgegen: Wen wir kennen, dem helfen wir gern. Wenn wir einen klar definierten Empfänger für Hilfeleistungen haben, den wir durch die Medien, durch Schüler- und Kulturaustausche und durch geschickte Tourismusförderung nach und nach kennenlernen, werden wir uns mit ihm identifizieren. Man beginnt, sich verantwortlich zu fühlen, und beobachtet die Fortschritte der Entwicklung, die man angestoßen hat. Wie bei einer Dokusoap kann man nicht abschalten, ohne zu wissen, wer gewinnt. Wir würden mehr Entwicklungshilfe geben, um begonnene Projekte erfolgreich zu beenden. Das wäre sicherlich ein effektiveres Modell der Entwicklungshilfe als das gängige. Und es gibt hier sogar Vorbilder: Frankreich fördert von jeher eher frankophone Länder, Belgien setzt ebenfalls gewisse Schwerpunkte. Auch die deutsche Entwicklungspolitik versucht, die Zahl der Partnerländer zu verringern. Aber all diese Schritte sind nur Vorstufen zum hier beabsichtigten Konzept, das nur ein Partnerland auf den Schild hebt.

Zweite Stufe: Deutsche und Brasilianer könnten in beiden Ländern gemeinsam Schulen und Universitäten schaffen, an

---

[64] Das Beispiel ist recht willkürlich gewählt und beinhaltet nicht die Aussage, dass Brasilien das optimale Partnerland für uns wäre.

denen obligat die jeweils andere Sprache und Wissen um beide Kulturen vermittelt werden. Wenn die Brasilianer »Alle meine Entchen« auf Deutsch trällern könnten, sind sie in Deutschland hochgradig integrationsfähig. Die Brasilianer könnten als Arbeitskräfte nach Deutschland zuwandern und helfen, die Sozialsysteme zu sichern. Einige verjüngen unsere Gesellschaft dauerhaft, und Deutschland könnte von neuen kulturellen Impulsen lernen. Andere kehren nach Brasilien zurück und bringen Rentenansprüche und Wissen mit. Dieses und das an den Teil der Familien, die daheimgeblieben sind, überwiesene Geld würde sie dort nicht mehr zwingen, ihre Altersvorsorge mit Hilfe des achten Babys zu sichern. Der Wohlstand steigt in Brasilien, und damit sinken dort Armut und das Bevölkerungswachstum.

Dritte Stufe: Müsste Deutschlands größte Zeitung aber nicht bald die Druckerschwärze darauf verwenden, über den Ausverkauf der deutschen Wirtschaft zu berichten, wenn Löhne und Renten nach Brasilien abflössen? Nicht wenn man auf Dauer einen gemeinsamen Arbeits- und Absatzmarkt schüfe. Der deutschen Volkswirtschaft fehlen nicht nur Arbeitskräfte, sondern auch Konsumenten. Für die hiesigen Konsumenten muss man schon die 100ste Funktion am DVD-Player erfinden, wo doch bekannt ist, dass die Kunden nur 20 Prozent der Funktionen des Wundergeräts nutzen. Da weht in Brasilien noch ein frischer Wind, der hoffentlich eher Investitionen in Windenergie als in DVD-Player beflügelt. Die Brasilianer konsumieren in Deutschland, solange sie dort arbeiten, einige werden auch dauerhaft bleiben. Und auch in Brasilien wird sich das Konsumverhalten ändern: Dadurch, dass viele Brasilianer Deutsch sprechen können und besondere Verbindungen zu Deutschland und Schwarzwälder Kirsch haben, werden die Deutschen eine privilegierte Position beim Erschließen des immer stärker werdenden brasilianischen Absatzmarktes haben. Ökonomisch holt Brasilien bzw. die ausgewählte Provinz ihr Wachstum nach, aber gleich mit in Deutschland etablierten Techniken, also »sauberer«, als das sonst der Fall wäre. Wenn sich in Deutschland eine Ökonomie etabliert, die auf Wachstum und Konsum verzichtet, wird dieser Trend irgendwann auch in Brasilien nachgeahmt. Das kann dann einsetzen, wenn die Wirtschaft auf einem Niveau ist, auf dem man darüber nachdenken kann, nicht mehr zu wachsen.

Ich fasse zusammen: Langfristig wäre also nicht nur Zuwanderung, sondern eine Art wirtschaftliche Fusion der Gesellschaften angestrebt, die unsere Alterspyramiden dauerhaft ausgleicht. Das ist allerdings ein Wunschziel, da es tendenziell zu viele Arme und zu wenige Reiche gibt. Aber das beschriebene Modell stellt eben einen ersten Schritt auf diesem Wege dar.

Probleme bei der Integration von Ausländern (Kriminalität, Druck auf die Ärmsten unserer Gesellschaften, kulturelle Identität etc.) behandele ich im nächsten Kapitel ausführlich.

Neokolonialismus oder die Perspektive auf eine gerechte Zukunft?

Das alles klingt vielleicht befremdlich. Und überhaupt, wäre das nicht Neokolonialismus? Tatsache ist, dass Brasilien von der Win-win-Partnerschaft enorm profitieren würde. Es erhielte ein Bildungs- und Sozialsystem, das Armut und Bevölkerungswachstum eindämmen würde. Wenn die Märkte immer weiter verschränkt würden, würden weite Teile der Infrastruktur erneuert. In Deutschland würden brasilianische Arbeiter Wissen erhalten, das sie später auch in Brasilien anwenden könnten. Das Partnerschaftsmodell soll den Aufbau

Brasiliens nicht hemmen und dort die Spezialisten vom Arbeitsmarkt abziehen oder dort Spezialisten ausbilden, die ausschließlich Lederhosen für das Oktoberfest produzieren. Gefordert wäre eine echte Partnerschaft, die Brasiliens Bildungssystem sowohl auf den Aufbau Brasiliens als auch auf den Ausgleich der deutschen Strukturprobleme ausrichtet.

Die politische und kulturelle Autonomie Brasiliens soll dabei erst ermöglicht werden, denn ein verarmter Staat ist nur auf dem Papier autonom. Ob solche Partnerschaften in Neokolonialismus ausarten, wird sehr davon abhängen, wie feinfühlig man sich zwischen den Partnern verständigt. Jedenfalls sind alle geplanten Schritte nur im wechselseitigen Einverständnis vorstellbar.

Es besteht die Gefahr, dass das Instrument einer Partnerschaft in zwei Richtungen zu Ungerechtigkeiten führt:

1. Die ärmsten Länder könnten benachteiligt werden, weil sich Industrieländer nach den besten Partien für die Zukunft (Rohstoffe etc.) umsehen würden.
2. Vielleicht würden viele Länder und Regionen ohne Patenzurückbleiben, weil einfach nicht genügend Länder ins Partnerschaftsmodell einbezogen werden könnten.

Es wäre daher zu überlegen, ob man nur einen Teil der Entwicklungshilfe in ein die Medien dominierendes Partnerschaftsprojekt investiert. Den Rest könnte man gerechter – unter anderem nach Kriterien der absoluten Bedürftigkeit und Effektivität – verteilen. Man könnte die Partnerschaften auch unter geeigneten Kandidaten auslosen und so verhindern, dass Rosinenpickerei betrieben wird. Hier gibt es großen Gestaltungsspielraum.

Auf jeden Fall bleibt das Partnerschaftsmodell eine attraktive und effektive Option, denn was nützt es, Mittel ganz gerecht nach dem Prinzip Gießkanne zu verschwenden? Eine an den Folgen orientierte Ethik kann das nicht befürworten. Es ist einfach vernünftiger, wenigstens an einigen Stellen und mit einer Portion Eigennutz im Hinterkopf etwas zu bewirken, als vergleichsweise wirkungslos hehre Motive auszuleben. Da kommt der Utilitarismus wieder zum Zuge. Klargestellt werden muss, dass das Partnerschaftskonzept Interessen der Entwicklungs-, Ökologie- und Rentenpolitik vereint. Wenn man nur ein rentenpolitisches Konzept anstrebt, wäre es effektiv, ein möglichst weit entwickeltes Partnerland mit günstiger demographischer Entwicklung zu suchen. Das würde jedoch die entwicklungs- und ökologiepolitischen Ziele untergraben. Die gemeinsame Verfolgung dieser Ziele kennzeichnet aber das hier vorgestellte Modell, das einen Schritt auf dem Weg zu einer nachhaltigen Zukunftsvision darstellen soll. Natürlich klingen diese Überlegungen erst einmal mehr nach Wahnsinn als nach Politik. Aber müssen in einer Zeit ohne große politische Visionen nicht auch radikale und provokative Gedanken erlaubt sein? Wenn die Zusammenarbeit mit den Entwicklungsländern in unserem Eigeninteresse liegt, wird sich die Welt verändern.

Natürlich kann man die Frage stellen, ob dieses am Reißbrett entstandene Konzept nicht angesichts der Flüchtlingsproblematik überholt ist. Es kann sein, dass wir Deutschen den Weg wählen, unsere demographischen Probleme dauerhaft über eine Aufstockung unserer Arbeitsmärkte durch Flüchtlinge anzugehen. Aber viele andere Industrieländer sind diesen Weg, wie wir schmerzvoll erfahren mussten, nicht so recht mitgegangen. Daher bleibt das gerade vorgestellte Konzept jedenfalls ein möglicher Weg für sie.

Allerdings, so wünschenswert regelmäßige humanitäre Zuwanderung wäre (vgl. Kapitel 12), ich wage die Prognose, dass wir 2015 deren Höhepunkt in Deutschland erlebt haben und in Zukunft nicht mehr nennenswert auf dieses Mittel zurückgreifen werden. Die AfD hat über die Willkommenskultur gesiegt, so traurig das ist. Das würde das Konzept der Win-win-Partnerschaft auch für Deutschland wieder attraktiv machen. Schauen wir uns das Flüchtlingsproblem an und versuchen wir Konzepte zu erdenken, die meine düstere Prognose von eben Lügen strafen. Denn besser einem Flüchtling helfen (einen Spatz in der Hand haben) als von einer Partnerschaft träumen (eine Taube auf dem Dach haben)!

12. KAPITEL

POLITISCHE FLÜCHTLINGE, KLIMAFLÜCHTLINGE, WIRTSCHAFTSFLÜCHTLINGE – SCHAFFEN WIR DAS?

Unsere verdammte Pflicht und Schuldigkeit

Lange Zeit fiel es uns nicht schwer, das Elend dieser Welt aus unserer Lebenswirklichkeit und unseren Gedanken herauszuhalten. Schließlich konnten wir nicht wirklich etwas dafür, wenn anderswo Menschen verhungerten oder Kriege ausbrachen. Na ja, eigentlich haben wir schon ein bisschen etwas dazu beigetragen, nämlich Waffen exportiert und das Klima ruiniert. Aber das lief alles sehr indirekt und steril ab. Unser Wohlstand war wichtiger als das Elend der restlichen Welt, die sich wunderbar mit einem Klick auf der Fernbedienung abschalten ließ. Aber – welch Schreck – jetzt stehen die Verfolgten vor unserer Haustür! Und das ist nicht nur eine durch Kriege bedingte Notlage. Der Klimawandel sorgt dafür, dass das der Regelfall wird. Genau der Klimawandel, den wir verursacht haben, präsentiert uns die Opfer. Mit Wegklicken löst man das Problem nicht mehr. Jetzt lassen sich lästige Fragen nach der Verantwortung nur noch schwer verdrängen. Wieso ist unser Wohlstand eigentlich wichtiger als das Leid der anderen? Muss man nun Grenzen sichern, Festungen errichten, Zäune hochziehen oder eben vernünftige Politik machen? Dann muss man aber aktiv werden und kann das Problem nicht durch rhythmische Behandlung der Fernbedienung ausblenden. Dann wird das Leben sofort kompliziert: Psychologisch ist Tun eine andere Nummer als Unterlassen.

Kanzlerin Angela Merkel sagt: »Wir schaffen das.« Schön. Richtig! Aber was heißt das? Wir lösen das Flüchtlingsproblem, indem niemand mehr kommen will? Wir schaffen, dass der Zustrom irgendwie aufhört? Wir können die aufgenommenen Menschen integrieren? Wir behandeln jeden Flüchtling menschlich und bleiben trotzdem reich? Wir legen Grenzen der Zuwanderung fest und integrieren alle, die bereits bei uns sind oder noch kommen? All dies sind mögliche Lesarten dieser Aussage. Doch welcher Interpretation sollen wir vom moralischen Standpunkt aus folgen?

Die Welt ist nicht moralisch. Dennoch ist es wichtig zu fragen, wie eine moralische Welt aussehen würde. Sonst macht sich das Richtige so klein, dass es angesichts der Sachzwänge gar nicht mehr das Wort ergreift. Damit gibt man die Hoffnung auf, das heute Machbare durch Ideen zu verändern. Natürlich dürfen wir uns dabei nicht völlig über die Sachzwänge hinwegsetzen, sonst bauen wir Luftschlösser (ein Hang, zu dem ich ansonsten stehe). Je mehr wir beim Machbaren oder beim faktischen Zustand ansetzen können, desto leichter wird der Weg von der Idee zur Wirklichkeit. Dieser Weg ist das Ziel, es geht um die Realisierung der richtigen Ideen, um sonst nichts.

Wie sähe also eine moralische Welt in puncto humanitäre Zuwanderung aus? Nun, diese Zuwanderung gäbe es gar nicht, da es dann einen friedlichen Weltstaat ohne Armut und Verfolgung geben würde. Wenn wir aber etwas realistischer von Armut und Verfolgung ausgehen, stellt sich die Frage: Wann haben wir die moralische Pflicht, fremden Menschen zu helfen? Moral bedeutet bezogen auf Menschen, die Interessen und Rechte aller Menschen gleich zu gewichten. Je größer die Not von Menschen, denen wir ohne Gefahr für uns selbst helfen können, und je größer die Auswirkungen dieser Hilfe, desto mehr Anspruch haben sie auf unseren Beistand.

Machen wir uns das an einem Beispiel deutlich. Wenn wir auf dem Weg zu unserer Arbeit ein Kind im Teich ertrinken sehen und es retten könnten, ohne dafür ein vergleichbar wichtiges Gut wie das eigene Leben aufzugeben, haben wir gemäß fast jeder Moraltheorie eine Pflicht zu helfen, meint der australische Philosoph Peter Singer.[65] Das gilt auch, wenn wir das Kind nicht kennen und es nicht selbst in den Teich gestoßen haben. So besehen haben wir Hilfspflichten gegenüber allen Notleidenden, die allenfalls dadurch eingeschränkt werden, dass uns diese Pflichten überfordern könnten.

Was bedeutet das nun auf unsere Situation übertragen? Bezogen auf die Flüchtlingskrise sind weltweit 60 Millionen Kinder im Teich (ganz schön eng), aber es stehen auch viele Retter (»wir« Deutsche und andere Staaten) am Ufer. Doch wer rettet nun? Wir Deutsche? Warum soll nicht der Schweizer zuerst springen? Ich denke, wir alle, die wir am Ufer stehen, haben eine gemeinsame Hilfspflicht im Sinne einer Verantwortung, dass keiner mehr ertrinken muss. Dazu kommen nun weitere Rechte und Pflichten, unser Handeln zu koordinieren, damit nicht jedes Mal nur der Deutsche ins kalte Wasser springt. Diese Rechte und Pflichten haben wir nicht in erster Linie gegenüber den Ertrinkenden, sondern gegenüber den anderen Rettungsschwimmern. Lässt sich das nicht regeln, hat wieder jeder Einzelne die Pflicht zu helfen.[66]

Zu meinen, weil die anderen nichts tun, könne man selbst den Teich verlassen und grillen gehen, lässt einen nachts auch nicht gut schlafen. Klar, die anderen behandeln mich ungerecht, aber darf ich deshalb Menschen ertrinken lassen, auch

---

[65] Singer 2013, 354–357.
[66] Brezger 2016, 62 ff.

wenn ich ohne Gefahr für mich noch mehr retten könnte? Wiegt das gerettete Leben nicht schwerer als meine »beleidigte Leberwurst-Mentalität«? Sicher, es gibt Überforderungen. Ich kann nicht mein ganzes Leben im Teich verbringen. Aber auf Grenzen kommen wir nun zu sprechen.

Ist unser Staat überfordert, der bei Hilfspflichten in puncto Zuwanderung angesprochen ist? Er ist es im Jahr 2011 – vor der »Welle« – jedenfalls nicht, wenn er wie Deutschland rund 10 Milliarden (0,45 Prozent des Bruttoinlandsprodukts) für Entwicklungshilfe und rund 900 Millionen Euro für Asylberechtigte aufwendet. Auf europäischer Ebene haben die Deutschen sich selbst verpflichtet, bis 2015 0,7 Prozent des BIP für Entwicklungshilfe auszugeben, was sie – gemeinsam mit Europa insgesamt – verfehlt haben. Selbst wenn man die 2015 neu entstehenden Kosten für Asylbewerber (etwa zwanzig Milliarden Euro pro Jahr) hinzunimmt, bleibt man mit der Summe aller für Hilfe aufgewandten Kosten bei etwa 1 Prozent des BIPs. Gleichgültig an welcher Stelle Forderungen zu Überforderungen werden: Wenn man auf einer Insel des Reichtums sitzt und für das Meer von Armut um einen herum gerade Mal ein Prozent seines beträchtlichen Einkommens einsetzt, setzt man sich dem berechtigten Verdacht aus, dass einem der Kampf gegen die Not kein Herzensanliegen oder, anders gesagt, schlicht gleichgültig ist.

Auch wenn wir andere, extrinsisch ja sehr wichtige moralische Werte wie den der Gerechtigkeit als Maßstab nehmen, bestätigt sich das. Ist es gerecht, dass auf dieser Welt die Chancen danach verteilt werden, in welchem Land jemand durch Zufall geboren wurde? Was unterscheidet diese Zuteilung von einer durch Adelsprivilegien?[67]

Diese Einsichten muss man nun auf das Problem der Ein-

---

[67] Carens 2012.

wanderung beziehen. Humanitäre Einwanderung (von Verfolgten oder Armen) und Entwicklungshilfe sind zwei Skalpelle, um dasselbe Furunkel zu zerlegen, bzw. zwei Wege, um derselben Hilfspflicht gegenüber Notleidenden gerecht zu werden. Sie unterscheiden sich erst einmal nur dadurch, an welchem Ort Hilfe stattfindet. Weil wir uns bei der Entwicklungshilfe zurückhalten, müssen wir verstärkt über humanitäre Zuwanderung nachdenken. Im Umkehrschluss: Würden wir mehr Entwicklungshilfe, Krisenprävention oder gar eine Win-win-Partnerschaft wagen, könnten wir uns bei der teuren humanitären Zuwanderung zurückhalten. »Teuer« bedeutet, dass mit derselben Geldsumme, die wir für Verpflegung und Integration von Flüchtlingen verbrauchen, viel mehr Menschen anderswo helfen könnten. Jetzt könnte man natürlich wieder einfach fordern, das solle getan werden und Punkt. Aber solange es derart unwahrscheinlich wie im Moment ist, dass wir uns anderswo ausreichend engagieren, dürfen wir uns darauf nicht herausreden. Zudem sind eine gewisse Zuwanderung und damit auch Integrationskosten für den Fortbestand unserer Sozialkassen und Wirtschaftskraft unvermeidlich, auch wenn uns der ganze Prozess als wohlgeplanter (vgl. Kapitel 11) sicher billiger käme.

Wirtschaftsflüchtling, ein missratener Begriff

Wenn wir über Notleidende reden, sehe ich keinen moralischen Grund, Leid aufgrund von Hunger ganz anders zu behandeln als Leid aufgrund von politischer oder religiöser Verfolgung. Nehmen wir das Beispiel von Hawi, Hassan und Igor. Hawi leidet Hunger in Äthiopien und Hassan wird im Iran politisch verfolgt, weil er zur verfolgten religiösen Minderheit der »Bahai« gehört. Igor wohnt in Rumänien und kann sich nur einen Motorroller zur Fortbewegung leisten. Bleiben wir erst nur bei Hawi und Hassan. Maximal ungerecht ist beider Schicksal. Hawi trägt kein Verschulden für seine wirtschaftliche Situation. Es gibt in Äthiopien einfach keine Chancen zur wirtschaftlichen Entwicklung für ihn. Hassan hat die falsche Religion und wird deshalb bedroht. Gerechtigkeit erlaubt nicht, einen Unterschied zu machen. Wie stark ist das Leid und wie wirksam können wir zu welchen Kosten helfen? Das sind die Fragen, deren Beantwortung dann noch darüber entscheiden kann, wie stark unsere Hilfe gefordert ist, auch wenn das AfD-Wähler (pardon, ich vergesse die CSU notorisch) nicht fröhlich macht.

Natürlich gibt es Einwände: Politisch Verfolgte können ihre Mitbestimmung im Heimatland nicht ausüben, während Arme im Grunde politisch gegen ihre Lage vorgehen könnten.[68] Aber: Dieses »im Grunde« entpuppt sich als Luftnummer. In der Regel hat der Hungernde, der ums Überleben kämpft, weder Zeit noch Energie (geschweige denn Bildung), politisch Einfluss zu nehmen, noch sind die meisten sehr armen Länder der Welt »offen« für solches Engagement, das nicht selten mit politischer Verfolgung »belohnt« wird.

Den Begriff »Wirtschaftsflüchtling« muss man also differenzieren: Es gibt Menschen, die wie Hawi existenziell bedroht sind und denen gebührt unsere Hilfe (nennen wir sie »Notleidende«). Und es gibt Menschen, die wie Igor kein rosiges Auskommen haben, gern trockener zur Arbeit kommen würden und sich letztlich einfach nur besser stellen wollen (nennen wir sie »Wohlstandssucher«). Bei Letzteren können wir zurückhaltender sein.

Wenn aber Hawi aus wirtschaftlichen Gründen gerade verhungert, kann das schlimmer sein, als wenn Hassan aus poli-

---

[68] Thor 2016, 35 f.

tischen Gründen zu mehreren Jahren Haft verurteilt wurde. Wenn wir beiden Menschen auf der Straße begegnen würden und nur einem helfen könnten, würden wir auch Hawi »aufpäppeln«, statt dem kurz vor Haftantritt stehenden Hassan unseren Dachboden als Zufluchtsort anzubieten.

Aber: Die Bedeutung des Begriffes »Not«, wenn er jenseits der asylrechtlich anerkannten Fluchtgründe verwendet wird, muss abgegrenzt werden. Das ist wie immer, wenn Begriffe wirklich trennscharf sein sollen, schwierig und mit Ungerechtigkeiten verbunden. Wirtschaftliche Not kann man definieren, wenn man den Begriff der »absoluten Armut« zu Hilfe nimmt. Den fasst die Weltbank so, dass absolut arme Menschen weniger als 1,25 Dollar am Tag zu Verfügung haben. Aber man kann fragen, wie absolute Armut nachgewiesen wird bzw. wie man als absolut Armer eine Reise nach Europa finanzieren kann. Daher wären solche Menschen wohl eher aktiv von uns ins Land zu holen, aber weniger unter den ankommenden Flüchtlingen zu erwarten. Hier käme die ursprüngliche Vision von einer Win-win-Partnerschaft mit einem Entwicklungs- oder Schwellenland, die wir in Kapitel 11 kennengelernt haben, wieder ins Spiel.

So weit die Botschaften aus dem Reich der Moral. Was machen wir aber nun mit unserer traurigen Gegenwart? Sollen wir also Prävention und Entwicklungshilfe, inklusive Win-win-Partnerschaft, betreiben? Oder sollen wir allen Notleidenden Asyl gewähren? Letzteres würde das Asylrecht überdehnen, dazu ist es nie konstruiert worden. Das Land gleich so weit zu öffnen könnte die sich im Begriff »Asyl« de facto bündelnde Hilfsbereitschaft zum Versiegen bringen. (Dazu reicht die bisherige Öffnung ja fast schon aus.) Die Zahl der Zuwanderungsberechtigten würde so groß, dass unsere physischen Grenzen (mehr dazu weiter unten) überschritten werden könnten. Zudem kann man rein wirtschaftlich Leidenden in ihren Ländern oft noch effektiver helfen als etwa Menschen in Kriegsgebieten. Dort müsste man in den Krieg eintreten, um konsequent zu helfen. Und das erweist sich bei den Kriegen in Afghanistan, Irak, Syrien, Libyen als echter Flopp. De facto haben wir ein Grundrecht auf Asyl, das – entgegen der Moral – Not nach verschiedenen Ursachen gewichtet. Und dieses Recht kann uns motivieren zu helfen, während allgemeine Appelle zu mehr Entwicklungshilfe und Prävention meist verhallen. Der moralisch ideale Weg wäre es, notleidenden Weltbürgern viel mehr zu helfen, und zwar da, wo das Verhältnis von Größe der Not und Effektivität der Hilfe am besten ist. Das kann vor Ort oder im Rahmen einer Win-win-Partnerschaft der Fall sein. Das heißt, dass Asylbewerber oft nicht die ideale Klientel sind, um unsere Hilfe zu konzentrieren, wenn wir nur an das obige Beispiel unseres staubigen Dachbodens denken.

Aber dass Menschen vor unserer Haustür stehen, dass sie Not aus Gründen leiden, die wir oft besonders verachten, und dass schlicht schon ein rechtlicher Tatbestand existiert, der diesen Menschen Hilfe zugesteht – das sind Ursachen dafür, dass wir auf einmal einen Teil unserer Pflichten gegenüber notleidenden Weltbürgern wahrnehmen. Wenn es eben in erster Linie auf diesem Wege geht, dass wir moralischer werden, dann bitte! Besser jedenfalls, leidenden Menschen zu helfen, als gar nichts zu tun! Wenn uns Asylbewerber besonders motivieren, unsere humanitären Pflichten zu erfüllen, dann sollten wir ihnen bevorzugt helfen, selbst wenn unsere Hilfe dann nicht haargenau den moralisch idealen Kreis der Adressaten erreicht.

Aber sich um Asylbewerber bevorzugt zu kümmern heißt noch nicht, dass es der beste Weg ist, wenn man Flüchtlinge zuwandern lässt. Um Zuwanderung als Mittel der Hilfe zu bewerten, müssen wir uns einigen weiteren Fragen stellen: Ist

Zuwanderung der beste Weg, um bestehende Not zu bekämpfen? Welche neuen Probleme schafft Zuwanderung? Wo liegen Grenzen der Zuwanderung? Gehen wir einfach der Reihe nach vor:

Mehr Zuwanderung, um die bestehende Not zu lindern?

Es ist in der Regel der beste Weg, Prävention zu betreiben, damit es keine Fluchtursachen mehr gibt. Sind sie doch entstanden, ist es effektiver, Geflüchteten und Notleidenden vor Ort zu helfen, als sie z. B. nach Europa zu holen. Dafür spricht die Tatsache, dass es viel billiger ist, einen Flüchtling etwa in Jordanien zu unterstützen, als ihn in Europa zu versorgen. D. h., man kann für dasselbe Geld in Jordanien viel mehr Flüchtlingen helfen als in Europa. Lediglich eine Zuwanderung der Menge, die wir zur Kompensation des demographischen Wandels benötigen, ist volkswirtschaftlich betrachtet unvermeidlich, und Integrationskosten sind eine notwendige Investition. Wobei das etwa so romantisch klingt, wie sich einen neuen Traktor zu kaufen ...

Migration schafft zudem Not in dem Land, aus dem die Migranten auswandern. Wie schon gesagt wurde, sind Asylbewerber manchmal nicht die Bedürftigsten. Die ganz Armen in einem Lande sind gar nicht mehr in der Lage, auszuwandern und Asyl zu beantragen. Zahlreiche Flüchtlinge etwa aus Syrien bedeuten, dass dieses Land einen »braindrift« erlebt: Besser qualifizierte Bürger fliehen dauerhaft, und das Land erweist sich angesichts dieses Aderlasses als zu geschwächt für den Wiederaufbau. Die ganz Armen leiden unter Migration. Man könnte daher auch hier die Konsequenz ziehen, Flüchtlinge grenznah unterzubringen, mit Rückreiseticket zwecks Wiederaufbau.

Allerdings: Es gibt nicht immer Nachbarländer, die eine menschenwürdige Unterbringung von Flüchtlingen und erst recht von sonstigen Notleidenden sicherstellen können. Es ist auch nicht human, Menschen auf die Wartebank zu setzen, damit sie fleißig in die Hände spucken, nachdem ihr Land wieder befriedet ist. Die Erfahrung lehrt, dass Staaten wie Afghanistan für Jahrzehnte im Chaos versinken können. Diese Wartebank wird auf die Dauer zur Folterbank. Zudem: Viele Flüchtlinge überweisen sehr häufig beträchtliche Summen aus den wohlhabenden Zuwanderungsländern an ihre daheimgebliebenen, noch ärmeren Angehörigen. So wird auch den ganz Armen durch Flucht geholfen. Studien zeigen, dass dieser Effekt erheblich ist.[69] Weiterhin motivieren uns wie gesagt Verfolgte vor unserer Haustür, mehr zu helfen als bloße Appelle zum Engagement vor Ort. Interessanterweise motivieren uns sogar die Flüchtlinge, die bei uns ankommen, stärker vor Ort einzugreifen.[70]

Also ist humanitäre Zuwanderung ein Nebengleis, wenn es darum geht, Not zu bekämpfen. Humanitäre Zuwanderung in Industrieländer ist jedoch ebenfalls oft ein humanes und eventuell auch für uns vorteilhaftes Mittel, wenn die genannten Alternativen nicht zu verwirklichen sind.

---

[69] Cheneval, Rochel 2012.

[70] In der Tat hätten wir stärkere Hilfspflichten gegenüber denen, die sich in direkter Not befinden, als gegenüber denen, die »vor Ort« in Österreich an der Grenze stehen. Da haben wir nicht so sehr den Flüchtlingen als den Nachbarstaaten gegenüber Pflichten, die sich aber ihrer Pflicht zur Koordination der Aufgaben verweigern. Jedoch: De facto motivieren uns eben die Flüchtlinge an unseren Grenzen und wenn wir aufhören, sie einreisen zu lassen, werden auch die lieben Nachbarn noch stärker verhindern, dass Menschen dort einreisen. Solange das so bleibt, ist es sinnvoll, möglichst viele von den Flüchtlingen an unseren Grenzen aufzunehmen und das allenfalls durch Flüge zu ergänzen (s. u.), gerade wenn wie im Sommer 2016 die Zahl derer, die es bis an unsere Grenzen schaffen, einbricht.

Diese Gründe für humanitäre Zuwanderung von Flüchtlingen (und Notleidenden, jeweils gedanklich zu ergänzen) sind neben die Probleme, die aus der Zuwanderung entstehen, auf die Waage zu legen. Zuerst sind Probleme für die Flüchtlinge selbst zu benennen.

Die Flüchtlinge sind häufig auf Versprechungen von Schlepperbanden über westliche Industrienationen hin eingereist. Sie erwartet neben Langeweile und Ungewissheit schlicht ein Kulturschock, da hier die Leute ohne Gebetsteppiche auf die Straße gehen.

Aus der Perspektive der Zuwanderungsländer stellt sich die Sachlage differenziert dar.

Zuwanderung hat eine wirtschaftliche und ökologische Dimension: 1) Beeinträchtigen oder vermehren Flüchtlinge den Wohlstand und überstrapazieren sie den Sozialstaat? 2) Bringen Flüchtlinge besondere Probleme für die am schlechtesten Gestellten unserer Gesellschaft, etwa auf dem Arbeits- und Wohnungsmarkt? 3) Torpediert mehr Zuwanderung die Klima- und Umweltpolitik? Zuwanderung hat drüber hinaus eine juristische Dimension: 4) Steigt durch Zuwanderung die Kriminalität und Terrorgefahr? Und nicht zuletzt hat Zuwanderung eine kulturelle Dimension: 5) Bereichern uns neue Kulturen oder wird unsere kulturelle Identität bedroht? 6) Entsteht eine spezifische Bedrohung aufgrund der Tatsache, dass die meisten Zuwanderer islamisch sind?

Auch wenn die letzte Frage den Puls der AfD-Wähler beschleunigt, die dieses Buch immer noch nicht an die Wand geworfen haben, bleibt sie wichtig.

Gehen wir die Fragen durch:

Gesamtwirtschaftliche Folgen: Die meisten Studien zeigen,

dass es, anders als die Leser von Deutschlands größer Zeitung erwarten, eher positive Effekte auf den Arbeitsmarkt hat, wenn Menschen einwandern (vgl. Berichte der Institute: Ifo, NBER, IZA[71]). Nicht zuletzt kommen neue Kunden ins Land und setzen zumindest kurzfristig hilfreiche *Wachstumsimpulse* (mehr dazu in Punkt 3). Dem Sozialstaat bereiten sie nach Daten des Ifo-Instituts Kosten und Gewinne. Wenn von besonders gering qualifizierten Einwanderern die Rede ist, werden die negativen Effekte auf den Staat eher leicht überwiegen. Was aber die wirtschaftlichen Folgen insgesamt betrachtet dominiert, ist unklar. Das spricht dafür, dass keine eindeutigen und großen Effekte vorzuliegen scheinen. Also müssen viele den dramatischen Ton aus der Stimme nehmen, wenn sie diesen Punkt ansprechen.

Auswirkungen auf Hartz-IV-Empfänger: Die bisherigen Auswirkungen von humanitärer Zuwanderung auf den Arbeitsmarkt sind nicht eindeutig, wie erneut das Ifo-Institut feststellt. Durch Wachstumsimpulse könnte sich z. B. die Situation der Schlechtgestellten in Deutschland auch verbessern (IZA, NBER).[72] Die Asylberechtigten haben oft eine andere Qualifikation als die »einheimischen« Hartz-IV-Empfänger, konkurrieren also nicht um dieselbe »ökonomische Nische«. Zudem gewinnt die Einflussgruppe der am schlechtesten Gestellten mehr politischen Einfluss im Verteilungskampf, weil sie größer wird. Marx' »Proletarier aller Länder, vereinigt euch!« schallt ganz leise aus dem Osten ... Aller-

---

[71] Z. B.: http://www.zeit.de/wirtschaft/2015–12/ifo-institut-fluechtlinge-konjunktur, National Bureau of Economic Research, NBER Working Paper No. 17139, Juni 2011, http://www.nber.org/papers/w17139.pdf.

[72] Forschungsinstitut zur Zukunft der Arbeit, IZA Discussion Paper No. 7282, November 2013, http://ftp.iza.org/dp7282.pdf. Forschungsinstitut zur Zukunft der Arbeit, IZA Discussion Paper No. 8961, März 2015, http://ftp.iza.org/dp8961.pdf.

dings ist auf dem Wohnungsmarkt, nicht zuletzt in Brennpunkten wie Berlin, einiges im Argen, aber da sind meist auch langfristige Versäumnisse beim sozialen Wohnungsbau mit schuld. Wenn dort dieser Wohnungsbau wieder gestartet wird, verdanken die deutschen Sozialhilfeempfänger das sogar den Flüchtlingen. Erst wenn genug »Druck im Kessel« ist, werden Wohnungen für alle Bedürftigen gebaut, so schlecht ist die Welt. Es ist entgegen vielen Ängsten nicht klar zu sagen, ob insgesamt positive oder negative Aspekte für Schlechtgestellte überwiegen. Auch hier kann man das so auslegen, dass bislang kein großer Effekt entstanden ist.

Viele meinen, Flüchtlinge hätten den Sozialstaat »nicht verdient«, da sie nicht zu seinem Aufbau beigetragen haben. Aber wer Menschenrechte hat, verdient den Sozialstaat.[73] Peter Singer veranschaulicht das anhand eines Beispiels. Angenommen, wir bauen einen geräumigen Atombunker. Dann kommt es wirklich – vielleicht wegen Trumps Magenschmerzen – zum Atomkrieg. Aber es überleben auch einige außerhalb des Bunkers. Die klopfen nun verzweifelt an die Pforten. Können wir sie abweisen, weil sie den Bunker ja nicht mitgebaut haben? Oder müssen wir etwas zusammenrücken und uns vielleicht unsere Zimmer teilen? Die Antwort liegt auf der Hand ...

Umweltpolitik: Flüchtlinge geben Wachstumsimpulse. Viele meinen, die einzige Möglichkeit, der Umweltkrise zu begegnen, sei es, unsere Volkswirtschaften zu »drosseln« und dem Süden zugleich nachholendes Wachstum zu gestatten. In so einem Szenario sind neue Wachstumsimpulse für unsere Wirtschaft ein Grund für Migräne.

Aber wir müssen bedenken, dass diejenigen, die zu uns kom-

---

[73] Wie sich Menschenrechte als extrinsische Werte in die Interessenethik integrieren lassen, wurde in Kapitel 10 schon angesprochen.

men, eigentlich zum Süden gehören und daher ein Recht auf nachholendes Wachstum haben, das sie dort nicht ausüben. Sie üben es dann eben hier statt dort aus. Vorteile sind die im letzten Kapitel schon genannten: die Anreize für hohe Kinderzahlen sinken rasch (auch im Heimatland der Flüchtlinge), und das Wachstum findet mit neuen, effizienteren Technologien statt. Anders als (leider) oft in den Herkunftsländern werden Stufen des »dirty growth« (etwa Wachstum über Energie aus schmutzigen Kohlekraftwerken) übersprungen, wenn die Flüchtlinge hier konsumieren. Zudem ist fraglich, ob eine Ökonomie, ohne Wachstum überhaupt realisierbar ist. Die Integration von Millionen Menschen in schrumpfenden Wirtschaften zu schaffen ist jedenfalls schwer vorstellbar.

Kriminalität/Terror: Es besteht insbesondere durch Terror eine Gefahr für unseren sozialen Frieden. Nach den Attentaten von Ansbach, Würzburg und Berlin wird vielen Menschen mulmig, auch wenn man sagen kann, dass solche Attentate auch ohne die Flüchtlingswelle von 2015 möglich und wahrscheinlich waren. Aber sind sie ein größeres Übel, als Millionen Flüchtlinge sich selbst zu überlassen? Hier muss der Utilitarist klar Farbe bekennen, und das macht ihn nicht beliebt: Wenn in Deutschland tatsächlich 1000 Menschen infolge terroristischer Anschläge aufgrund der Zuwanderung sterben sollten und die Bevölkerung eine Zeit lang extrem verunsichert wäre, wäre das immer noch viel besser, als z. B. 2015 eine Millionen Menschen massive Not leiden und viele davon sterben zu lassen. Insgeheim haben wir oft immer noch den Maßstab im Kopf, dass deutsche Tote schlimmer seien als syrische, wenn wir das leugnen. Oder wir glauben, zu helfen sei ein Akt der Gnade von uns, aber keine Pflicht, die auch kosten dürfe. Natürlich wird es hoffentlich nicht so weit kommen, wie gerade angenommen. Die obige Opferzahl ist hoch gegriffen, und viele Anschläge wären auch ohne Flüchtlinge erfolgt. Und schließlich werden wir uns besser schützen und die Angst beherrschen lernen. (Wie sonst wäre ein Leben in Israel aushaltbar?)

Es gibt noch nicht viele Studien, die bzgl. Kriminalität insbesondere zwischen Flüchtlingen und anderen Einwanderern unterscheiden. Fest zu stehen scheint, dass die Kleinkriminalität allgemein zunimmt und Gewalt zwischen Flüchtlingen entsteht. Dabei muss man jedoch die besondere Unterbringungssituation in Asylunterkünften und die lange Perspektivlosigkeit vieler Migranten einberechnen. Bei uns reichen gemeinsame Grundstücksgrenzen oft schon aus, um Hass zu entwickeln und Nachbars Gartenzwerge zu entführen, wie wird es da erst in geteilten Zimmern aussehen? Eine Zunahme von Kapitalverbrechen hingegen konnte nicht nachgewiesen werden.

Aber gerade in einem empirisch wenig vermessenen Territorium muss man Praxisberichte wie den der Polizeioberkommissarin Tania Kambouri[74] ernst nehmen, die derzeit häufig in den Medien auftritt. Diese berichtet von fehlendem Respekt vieler muslimischer junger Männer vor der (insbesondere weiblichen) Polizei, von Verletzungen der Beamten im Dienst und von der Hilflosigkeit des Rechtsstaats, der die Verfolgung vieler Delikte einstellt, da die Justiz überlastet ist. Kambouri scheint mit ihren Einschätzungen und Ansichten die Erfahrungen vieler Beamter auf den Punkt zu bringen. Für dieses Problem müssen wir uns was einfallen lassen (mehr dazu weiter unten).

Kulturelle Identität: Kulturelle Werte werden durch massive Einwanderung verschoben. Das kann uns bereichern, aber auch verunsichern. Ich erwarte beispielsweise mit Freuden den Einzug der Siesta in Deutschland ... aber leider domi-

---

[74] Kambouri 2015.

niert oft die Angst: Verschwindet die Vertrautheit, werden manche Menschen emotional verunsichert und aggressiv gegen Fremde. Allerdings besteht unser heutiges Problem auch darin, dass selbst Menschen in Mecklenburg-Vorpommern aggressiv gegen Flüchtlinge werden, die dort so selten wie Kolibris sind. Flüchtlinge stören die »Vertrautheit« nur durch den Gedanken, dass es sie gibt. Das nennt man wohl »postfaktische« Gesellschaftsformen. Aber das macht es auch nicht schöner, und die Politiker, die sich dagegen wehren sollen, müssen in der Tat zu Don Quijotes werden und nicht existierende Riesen erschlagen. Zur besten Sendezeit, versteht sich. Moralisch relevant sind hier sowohl die Ängste und Gefahren für die Einheimischen wie entstehende Gewalt gegen Fremde.

Islamismus: Damit ist das Problem, dass die Mehrzahl der Zuwanderer islamische Männer sind, schon angesprochen. Es kann in der Tat sein, dass einige Zuwanderer Europa für »dekadent und gottlos« halten und es »bekehren« wollen. Viele denken so, einige handeln auch so und werden Terroristen. Aber auch diese bloßen »Denker« werden nach einer Weile Staatsbürger und können über Wahlen die Institutionen so ändern, dass sie ihrer Weltsicht entsprechen.

Diese Gefahren sind real. Das daraus schlimmstenfalls hervorgehende Leid ist aber voraussichtlich erneut nicht so gravierend, wie 2015 eine Millionen Menschen und später noch mehr ihrem Schicksal zu überlassen. Der Nutzen für die Flüchtlinge dürfte die Kosten für uns überwiegen, so geht Utilitarismus. Man kann nur versuchen, die Kosten zu minimieren:

Ein Ansatz ist es, islamistisch/terroristisch handelnde Flüchtlinge zu überführen und zu bestrafen, vielleicht auch Quellen dieses Denkens im In- und Ausland abzuschalten (IS vernichten).

Des Weiteren geht es darum, islamistisch Denkende zu überzeugen, dass unsere Weltsicht die bessere ist. Man muss sie zum europäischen Way of Life einladen, d. h., die Muslime nicht in Ghettos zu konzentrieren und ungestört ihr Lammfleisch grillen zu lassen. Man sollte mehr gemeinsam grillen (und dabei aus Gründen des Tierschutzes Gemüse auflegen ...). Weiterhin ist es sinnvoll, islamistisch Denkende mit einem gemäßigten Islam zu konfrontieren, um so einen Willen zur Koexistenz zu etablieren.

Braucht die Zuwanderung Grenzen?

Zuwanderung erzeugt auch Probleme, das weiß inzwischen jedes Kind. Kann man aus diesen Problemen Grenzen der humanitären Zuwanderung ableiten? Ja. Erst einmal gilt banal, dass wir nicht jeden Flüchtling und Notleidenden einwandern lassen können. Gäbe es Bürgerkrieg in China und Indien wie derzeit in Syrien würde die Zahl der Verfolgten schnell so groß werden, dass wir deren Versorgung physisch nicht mehr leisten könnten. Und die Zahl der aktuell absolut Armen auf der Welt überfordert »uns«, sowohl Deutsche als auch Europäer, wahrscheinlich auch, wollten wir alle integrieren. Was heißt hier »überfordert«? Das heißt, dass uns nicht nur die alten, feuchten Kasernen und zweckentfremdeten Turnhallen, die Beamten im Polizei- und Verwaltungsdienst, sondern schlicht auch die sozialstaatlichen Mittel ausgehen, um diese Migranten und Notleidenden menschenwürdig unterzubringen. Zudem wäre bei solchen Mengen von Flüchtlingen unser Wirtschaftssystem garantiert nicht in der Lage, genug Wohlstand zu produzieren, um uns und die Flüchtlinge (wieder mitgedacht: Notleidende) zu versorgen. Nur Hilfspflichten, die wirklich erfüllt werden können, bestehen auch tatsächlich. Spätestens an den physischen Grenzen endet unsere Hilfspflicht aus moralischen Gründen. Ob es noch andere ethische Grenzen gibt, werden wir unten diskutieren.

Physische Grenzen hat wie gesagt auch unsere reiche Gesellschaft. Von diesen physischen Grenzen sind wir jedoch weit entfernt! Noch sind wir nicht einmal sicher, ob die aktuelle Menge der Flüchtlinge der Wirtschaft eher nutzt oder schadet. Da ist es noch ein weiter Weg, bis man vom wahrscheinlichen Kollaps der Wirtschaft durch Flüchtlinge sprechen kann. Und andere, viel ärmere Länder haben längst viel mehr Flüchtlinge aufgenommen. Im Libanon leben 1,1 Millionen syrische Flüchtlinge bei nur 4,4 Millionen Einwohnern. Natürlich finanziert da die UNO viel, aber die Spannungen im Land bleiben und werden von den Libanesen bewältigt. Wir neigen dazu, uns selbst zu schützen und daher vorschnell den kommenden Weltuntergang, das Jüngste Gericht oder was auch immer auszurufen. Aber hilft es weiter, die physische Grenze der Aufnahmekapazität genauer zu definieren? Bevor diese physischen Faktoren überhaupt zum Tragen kommen, werden die Flüchtlingsfrage und die Aufnahmekapazität insbesondere durch das – nicht gerade angenehme – politische Klima im Land bestimmt. Wenn die Übergriffe durch Rechtsextreme überhand nehmen, wenn die Populisten in München oder Dresden immer mehr an Boden gewinnen, wenn Parteien vom rechten Rand den Volksparteien immer mehr Stimmen abjagen, wenn Straftaten durch Flüchtlinge erfolgen, dann entsteht immer mehr Druck auf die Regierung, das Asylrecht weiter auszuhöhlen. Und diese Entwicklung greift aktuell um sich, und zwar in einem Tempo, dass einem Hören und Sehen vergeht. Diese »Grenze von rechts« greift weit vor Erreichen der physischen Grenzen und auch bevor andere eventuell moralisch gerechtfertigte Zuwanderungsquoten erreicht sind. Wenn wir also aus moralischen

Gründen mehr Menschen helfen wollen, als es das aktuelle politische Klima zulässt, müssen wir auch dieses Klima verbessern. Wir müssen also aufwachen, uns engagieren, diskutieren und damit Akzeptanz für Flüchtlinge schaffen.

Ein Vorschlag: Der integrierte Asylberechtigte

Wie schafft man mehr gesellschaftliche Akzeptanz? Diese bemisst sich danach, wie sich die Nöte entwickeln, die durch Zuwanderung entstehen. Für die verbleibenden »postfaktischen« Ressentiments gibt es wohl keine Hausrezepte. Es bleibt nur stetiges Widerlegen »alternativer Fakten«, auch wenn das anmutet wie ein Dialog mit einem Tauben. Wenn sich jedoch das aufkommende Gefühl der Bedrohung und Entfremdung zurückdrängen lässt, steigt die Akzeptanz und damit die Zuwanderung. Ein für mich sinnvoller Weg, um die Akzeptanz von Zuwanderung zu steigern, ist, das Asylrecht mit dem Integrationserfolg zu koppeln, wie es gerade de facto zusehends ermöglicht wird. Sinnvoll wäre meines Erachtens hier die Festschreibung in einem Gesetz, um eine gewisse Verlässlichkeit zu gewährleisten.

Ganz am Rande bemerkt wäre es ein weiterer Kandidat für eine Gesetzesänderung, den Status eines Asylbewerbers nicht vom physischen Erscheinen des Flüchtlings im Gastgeberland abhängig zu machen. Dies benachteiligt die ganz armen Menschen, die eine Reise nicht finanzieren können, es provoziert Unfälle wie etwa auf dem Mittelmeer und begünstigt Schlepperkriminalität. Es ist sinnvoll, aussichtsreiche Asylbewerber direkt in die Gastgeberländer einzufliegen. Eventuell kann man das damit verbinden, den Asylanspruch in den Herkunftsländern bereits im Ansatz zu sondieren. Die Menge der Einwandernden würde das nicht erhöhen, denn Flüge kann man beim Erreichen von Obergrenzen (mehr dazu weiter unten) einstellen. Wirtschaftlich Notleidende mit Verfolgungskomponente könnte man so überhaupt erst einbeziehen.

Doch zurück zur eigentlichen Frage: Um mehr Akzeptanz zu schaffen, sollten wir den integrierten Asylberechtigten zum politischen Ziel erklären. Das würde bedeuten, die Entscheidungen über drei Jahre Asyl und später über eine Verstetigung auch danach zu bemessen, ob Integrationserfolge erkennbar sind und bleiben. Diese dokumentieren sich vor allem in Straffreiheit, Sprachkenntnissen, Kenntnissen von Kultur und Werten und Erfolgen bei der Ausbildung bzw. Arbeitsplatzsuche. Wie gesagt spielt das faktisch oft eine Rolle, wenngleich es (d. h. insbesondere der Aspekt Kriminalität) nach der Verstetigung nicht mehr kontrolliert wird. Aber es ausdrücklich zur Basis der Anerkennungspolitik und zur bleibenden Bedingung einer Aufenthaltsgenehmigung zu erklären würde auch Kritiken des rechten Lagers eindämmen, wenn wir klar hervorheben können, dass die Flüchtlinge, die bleiben, auch integriert sind. Da bei unserem Thema Ängste eine zentrale Rolle spielen, wäre diese Pille eine gute Medizin für dieses Leiden.

Um formalen Fragen zu genügen, könnte man Asylgründe in Kategorien unterteilen, und nur die besten Gründe der Kategorie A (direkte und massive persönliche Bedrohung) führten ohne weitere Ergänzung zum Asyl, in den Himmel oder sonst wohin. Kategorie A würde aber nur auf wenige Asylbewerber zutreffen, sodass wir das Asylrecht im engsten Sinne von Obergrenzen freihalten und unbegrenzt weiter gewähren könnten. Damit würden wir dem verfassungsmäßig garantierten Grundrecht uneingeschränkt nachkommen. Schlechtere Asylgründe könnten mit größerem Integrationserfolg ausgeglichen werden, wobei natürlich gewährleistet werden muss, dass der Einzelne auch solche Erfolge erwerben kann. Hier könnte man dann eine Obergrenze innerhalb eines moralisch erlaubten Korridors einziehen (mehr dazu weiter unten), die auch abhängig vom gesellschaftlichen Klima ist. Es muss eine Rolle spielen, ob Flüchtlinge kriminell sind und ob sie die Wirtschaft voranbringen. Natürlich erfordert das ein auszuarbeitendes Kategorisierungssystem, aber wie gesagt, ähnliche Faktoren werden bereits faktisch beachtet, da wäre es transparenter und gerechter, diese explizit zu machen und damit der Kritik auszusetzen, als sie einfach anzuwenden.

Man muss dabei wenigstens diskutieren, wie die Abschiebung von Kriminellen nicht zum Papiertiger wird. Das sage ich auch auf die Gefahr hin, Stammtische in Euphorie zu versetzen. Moralisch darf man rigoroser als derzeit abschieben, wenn das im Einzelfall gerechtfertigt ist und man nur so Akzeptanz für humanitäre Zuwanderung weiter garantieren kann. Hier ist es zumindest möglich, dass das Interesse der vielen Flüchtlinge, denen man Zuwanderung gewährt, das des Einzelnen überwiegt, der abgeschoben wird. Wir müssen die Ängste bekämpfen, dass, wer einmal im Land ist, tun und lassen kann, was er will. Denn das ist ein Akzeptanzkiller. Allerdings werden rigorosere Abschieberegeln gern auch als kurzzeitige Placeboeffekte in die Debatte eingeführt. Oft sind die diskutierten Mengen der zusätzlich Abgeschobenen so gering, dass es wohl nichts an den Zuständen ändert, wenn man 1000 Flüchtlinge ins unsichere Land x ausfliegt. Damit erzielt man keine Entspannung der Lage und dafür muss man dann die Interessen Einzelner auch nicht gefährden. Notfalls sollte es einzelnen »Gefährdern« eben in deutschen Gefängnissen ungemütlich gemacht werden.

Mit meinem Vorschlag würde man auch die moralisch nicht haltbare Unterscheidung zwischen Flüchtlingen und

Notleidenden etwas relativieren. Es müsste immer eine Verfolgungskomponente im Spiel sein, um Asyl zu erhalten, aber diese könnte auch schwächer (z. B. weniger auf die konkrete Person bezogen) sein, als derzeit verlangt, wenn das durch Integrationserfolge ausgeglichen wird. So trägt man dem Umstand Rechnung, dass wirtschaftliche Not und politische Verfolgung oft nicht klar unterschieden werden können. Zudem könnte man bei denen, die nicht als Asylanten anerkannt werden, einen »Spurwechsel« vom Asylrecht zu einem zu schaffenden Einwanderungsrecht überlegen. D. h. prüfen, ob sie eventuell, nachdem ihr Asylantrag abgelehnt wurde, schon so gut integriert sind, dass weder für Deutschland (das die bisherigen Integrationskosten ja vorgestreckt hat) noch für sie selbst eine Ausweisung sinnvoll erscheint.

Letztlich zählt, auf welchem Wege man die größte Akzeptanz und damit die höchste humanitäre Zuwanderung erreicht, welche die Stabilität der Aufnahmeländer nicht gefährdet. Die oben vorgeschlagene Regelung würde die Situation der Flüchtlinge verbessern, denn das Verfahren würde flexibler, und sie könnten selbst etwas für ihre Anerkennung tun. Für die Gesellschaften der Zuwanderungsländer wäre es auch ein Gewinn, wenn Integration zählt. Zudem wird Asyl grundsätzlich nicht unabhängig vom Wegfall der Asylgründe im Heimatland der Flüchtlinge gewährt. Wenn sich in den Herkunftsländern die Verhältnisse bessern, können Flüchtlinge wieder heimkehren. Wenn wir nicht spontan und unkontrolliert die Grenzen öffnen, sondern den Zugang zu unseren Ländern stetig und von Forschung begleitet ermöglichen, verschaffen wir uns zudem mehr Zeit zur Anpassung und ein berechtigtes Gefühl von Kontrolle. Dieses Gefühl vermissten 2015 viele, und das hatte verheerende Folgen. Wenn wir Zuwanderung über Flughäfen kanalisieren, hätten wir automatisch eine gewisse Verlangsamung, abhängig von Flugkapazitäten, und wir hätten mehr Kontrolle, da wir z. B. registrieren würden, wen wir ausfliegen.

Weiterhin wäre es empfehlenswert, mehr Polizei- und Justizbeamte in Dienst zu stellen, um das Bedürfnis nach Sicherheit und Terrorabwehr stärker zu erfüllen. Hier müssen politisch »linke Vögel« offenbar seit einiger Zeit zu »law and order«-Standpunkten konvertieren. Die Schäden, die nur ein Terrorakt einerseits für die Betroffenen, andererseits aber gerade auch für die Akzeptanz schafft, sind immens. Daher ist hier mehr Prävention geboten, die leider wieder Kosten verursacht. Um die zu senken, fragt sich, ob für die Zeit der Unterbringung in Sammelunterkünften lokale Selbstverwaltungen der Asylbewerber geschaffen werden könnten, die z. B. eigene Sicherheitsdienste bilden. So könnten Beamte in diesem Sektor eingespart werden. Die Flüchtlinge könnten Verantwortung kultivieren, ihr Image verbessern und sie wären schlicht beschäftigt. Rechtlich ist das allerdings immer noch ein Problem, das somit in die Mottenkiste gehört.

Na, und was gehört sonst noch Gutes in die Suppe gelingender Flüchtlingspolitik? Sicher einige Brisen Aufklärung und eine Handvoll Kulturaustausch, eingeleitet durch Kontakte zwischen Einheimischen und Migranten, denn das sind Geschmacksverstärker.

Das Ende vom Lied

Wen sollten wir dauerhaft aufnehmen? Den integrierten Asylberechtigten. Wenn wir ihn zum Normalfall machen, werden wir relativ viele Flüchtlinge aufnehmen können, ehe das politische Klima kippt. Das Leid bei uns, das zu diesem »Kippen« führt, wird gemindert. Allerdings bin ich, wie am Ende des letzten Kapitels geäußert, skeptisch, ob uns das gelingt. Aber es zu versuchen ist derzeit die beste Reaktion auf die bestehenden Probleme.

Wie viele Flüchtlinge sollten wir einwandern lassen? Zentrales Ziel ist es zunächst, nicht die absolute Zahl zu reduzieren, sondern die Akzeptanz zu erhöhen. Ist diese ausgereizt, wird die Zuwanderung durch politischen Meinungsumschwung automatisch sinken, da können wir uns auf die AfD verlassen. Moralisch wäre zu prüfen, auf welchem Niveau die Zuwanderung dann de facto gestoppt wird, um diesen Stopp zu bewerten. Wenn die physischen Grenzen erreicht sind, ist der Stopp sogar moralisch geboten. Ob ein früherer Stopp geboten oder erlaubt ist, kommt darauf an, wie weit entfernt von den physischen Grenzen wir stoppen und ob mehr eine Überforderung darstellt. Jährlich niedrige einstellige Prozente des BIPs für Flüchtlinge und für Entwicklungshilfe und Prävention insgesamt aufzuwenden ist dabei sicher keine Überforderung (vgl. Kapitel 4 und die dort geforderte fünf Prozent Spendenpflicht). Zudem ist bei Flüchtlingen eine Win-win-Komponente im Spiel, die einberechnet werden muss. Flüchtlinge zu integrieren ist keine bloße Spende für Arme, sondern eine Investition in den Wirtschaftsstandort Deutschland (ein erhebendes Gefühl, diese Floskel auch mal gebrauchen zu können, eine Kandidatur als Präsident des Bundesverbands der Deutschen Industrie ist für mich damit nicht ausgeschlossen).

Eine Untergrenze von bis zu fünf Prozent Aufwendungen für Flüchtlinge und für Entwicklungshilfe könnte auch für Gerechtigkeitstheoretiker diskutabel sein: Das vorgeschlagene Engagement könnte unser fairer Beitrag zur Lösung des Problems sein, denn engagierte sich jeder Reiche in diesem Maße, wäre die finanzielle Dimension des Problems unter Kontrolle. Immerhin braucht man »nur« zwischen 30 und 100 Milliarden Dollar jährlich, um die absolute Armut auf der ganzen Welt ins Museum zu verbannen.

Fazit: Wir sollten mindestens so viele Flüchtlinge und Notleidende aus humanitären Gründen zuwandern lassen, *wie
wir mit drei Prozent des BIPs im Jahr finanzieren können.*[75]
Wie komme ich zu dieser magischen Zahl? Wenn wir von
fünf Prozent Spendenpflicht ausgehen (vgl. Kapitel 4), wären
anderthalb Prozent Spende für Flüchtlinge nicht zu viel. Die
restlichen anderthalb Prozent sind als Investition in die Zukunft zu verbuchen, die wieder zurückgezahlt wird. Die noch
fehlenden dreieinhalb Prozent aus der Spendenpflicht sollten
in die Entwicklungshilfe und Prävention gehen. Wichtig: Die
Asylbewerber nach Kategorie A sind mengenmäßig zu ver-
nachlässigen und daher von diesen Grenzen ausgenommen.

---

[75] Die können Experten in eine Obergrenze, was die absolute Zuwanderung betrifft, umwandeln. Ich wähle diesen Zugang, um nicht den
· Eindruck zu erwecken, es käme darauf an, nicht mehr als x Flüchtlinge ins Land zu lassen. Wichtig ist, wie leistungsfähig bzw. reich das
Land ist. Gemessen daran kann man die Zahlen anpassen.

13. KAPITEL

GENFOOD – KASSENSCHLAGER FÜR KONZERNE ODER WAFFE GEGEN DEN HUNGER IN DER WELT?

Über Hunger auf Erdbeeren

Kaum eine Debatte wird so emotional und verbissen geführt wie die um die Grüne Gentechnik.[76] Sollen wir uns dieser Technik bedienen? So lautet die Frage an den Ethiker. Die einen sehen ohne Gentechnik die Welt zum Verhungern verdammt, für die anderen entstammen gentechnisch veränderte Pflanzen direkt der Hölle, sie verwüsten sogar Felder, auf denen Freisetzungsversuche stattfinden. Der weltweite Anstieg für Preise von Nahrungsmitteln bringt diese Probleme verschärft auf die Agenda. Aber was ist jetzt das moralisch richtige Verhalten?

Ich möchte eine andere Geschichte erzählen, um die Hauptprobleme von Genfood darzustellen. Saftige Erdbeeren, die rot und unbekümmert ohne Chemiekeule, pilzfrei, mit einem Liedchen auf den Lippen wachsen, und das auch noch im verregneten Skandinavien – solche Projekte ermöglicht die grüne Gentechnik, und die EU hat zum Beispiel dieses Projekt emsig erforscht. Aber gerade dieses Projekt zeigt, dass sich neue Risiken für solche Ziele nicht lohnen. Wozu Erdbeeren in Skandinavien? Genau hier liegt die Crux der gesamten Debatte um grüne Gentechnik: Man debattiert vorrangig über

---

[76] Eine Übersicht gibt Herberer 2015.

die Risiken und einigt sich selten. Aber man sollte mehr über die fehlenden Chancen reden. Da verspricht man sich Großes: Reis gegen Vitaminmangel auf der Welt und man bewirkt oft Kleines: Erdbeeren in Skandinavien. Die Chancen sind meist so klein, dass wir keine neuen Risiken dafür eingehen sollten, auch wenn diese vielleicht viel geringer sind, als viele Menschen meinen. Das will ich nun weiter erklären.

Risiken für Ökosysteme und Gesundheit

Ich will die Folgenanalyse traditionell mit einem Blick auf die Risiken beginnen, denn viele Leser sind durch die tägliche, deprimierende Zeitungslektüre so verdorben, dass sie die schlechten Nachrichten zuerst erwarten. Worin bestehen die Risiken genau? Zuerst zu den ökologischen Bedenken: Ökosysteme seien so komplex, dass man nie kalkulieren könne, was passiere, wenn man genetisch veränderte Pflanzen aussetze. So bringe schon das kleine Flussneunauge – ein eigentlich niedlicher Fisch aus Europa – große Seen in Nordamerika zum Umkippen. Das sei ein Indiz dafür, wie sensibel unsere Ökosysteme seien, sagen die Kritiker. Befürworter meinen hingegen, normale Züchtung – bei der auch die Gefahr ungewollter Kreuzungen bestehe – sei ein viel größerer Eingriff in Ökosysteme als grüne Gentechnik. Es mache wenig Sinn, konventionelle Züchtung zu erlauben und Genfood zu verbieten. Genfood verbessere unterm Strich die Umwelt, denn schließlich würden mit weniger Pflanzenschutzmitteln bessere Ernten erzielt.

Am stärksten fürchten die Kritiker Folgen für die Gesundheit – weshalb? Wo genau sich DNA ansiedelt, die gentechnisch in eine Pflanzenzelle eingefügt wird, weiß man nicht: Gene könnten in neuer Umgebung unvorhersehbaren Schaden anrichten. Die Befürworter kontern, dass es auch in der Natur DNA gibt, die innerhalb der Zelle springt und irgendwo an ihre DNA andockt, ohne dass Schäden entstehen. Allerdings transportiert diese springende DNA nur relativ unwichtige Gene – anders als bei der Gentechnik. Viele Experten sehen trotzdem keine großen Risiken grüner Gentechnik für die Gesundheit. Sie fragen: Geschehen Mutationen nicht auch in der Natur? Wieso ist gezielte Manipulation gefährlicher als zufällige? Normale Züchtung erzeugt auch große genetische Veränderungen. Sollte man, wenn schon, dann nicht alle genetischen Veränderungen einer bestimmten Größenordnung auf ihre Risiken untersuchen, gleichgültig ob sie auf Gentechnik oder konventioneller Züchtung basieren? Zudem meinen die Verteidiger, es gebe bislang einfach keine Belege dafür, dass Genfood die Gesundheit schädigt. Aber: Bei wem liegt die Beweispflicht? Zudem kann auch die Qualität der Beweise hinterfragt werden: Die Gentechnikkonzerne führen die Studien für die Zulassung selbst durch (und jeder, der ein bisschen recherchiert, wird Monsanto nicht mal auf seine leere Brieftasche aufpassen lassen), und Langzeitstudien über die menschliche Gesundheit fehlen.

Womit die Kritiker sicher recht haben, ist allerdings der Vorwurf, dass wir nicht mehr frei wählen könnten, was wir essen, wenn gentechnisch veränderte Pollen auf konventionelle Felder fliegen. Da können Befürworter nur erwidern, dass es eben ihrer Ansicht nach keinen rationalen Grund gebe, Genpollen zu fürchten. Aber selbst wenn dem so wäre, alle Ängste erzeugen Leid, weshalb sie relevant sind.

Neben der Gesundheit sind auch andere Aspekte, insbesondere Auswirkungen auf kleinbäuerliche Strukturen in Entwicklungsländern wichtig, die unten noch angesprochen werden.

Aber ganz gleich, wer nun recht hat, die Hauptfrage muss lauten: Wozu überhaupt neue Risiken eingehen? Unsere Landwirtschaft produziert mehr, als die gemästeten Bewohner der Industrieländer gebrauchen können – wieso sollten wir das noch einmal steigern? Um neue Varianten von Adipositas zu erforschen? Es gibt Hoffnungen, dass die Grüne Gentechnik neue Arbeitsplätze schaffen könnte. Aber diese Hoffnungen sind ökonomisch kaum erforscht. Der Professor für Innovation an der Universität von Tansania Anthony Arundel vom »Maastricht Economic Research Institute« befürchtet weltweit eher einen Verlust an Arbeitsplätzen durch diese auf durchrationalisierte Großbetriebe zugeschnittene Technik.[77] Ein Boom ist jedenfalls nicht zu erwarten, zumal sich gentechnische Produkte in Europa zum Verkaufsflop entwickeln könnten: Die Bevölkerung will diese Produkte mehrheitlich nicht, und wer kann ihr das bei dieser Forschungslage verdenken? In der westlichen Welt braucht nur die Agrarindustrie Grüne Gentechnik, und dafür sollten wir keine neuen Risiken eingehen. Sonst siegen die Interessen dieser Industrie über das Wohl der Allgemeinheit, und das ist schlecht, selbst wenn wir es kaum noch anders gewohnt sind in Zeiten, wo selbst in der Zahnpasta Plastik steckt. Aber was ist mit den Entwicklungsländern?

---

[77] Vgl. http://www.merit.unimaas.nl/about/profile.php?id=14; vgl. auch www.acatech.de/fileadmin/.../de/.../acatech_DISKUSSION_Bio_Kom_WEB.pdf.

Genreis – eine Wohltat für die Armen?

400 Millionen Menschen leiden unter Vitamin-A-Mangel, der zu Blindheit führen kann. Betroffen sind Asiaten, die sich vorrangig von Reis ernähren, dem Vitamin A fehlt. In Zürich haben Forscher mit Hilfe gentechnischer Verfahren Reis mit Vitamin A entwickelt, der kostenlos zum Ausprobieren an die Philippinen abgegeben wurde (»Goldener Reis«). Überwiegt die Chance, Hunger und Leid auf der Welt zu beenden, die Risiken der Grünen Gentechnik? Die Frage gewinnt in Zeiten steigender Lebensmittelpreise auf dem Weltmarkt und fortschreitenden Klimawandels, der die Menge der fruchtbaren Böden verringert, zusätzliche Brisanz. Können wir mit Gentechnik billigere Nahrung für die Armen schaffen?

Jedenfalls muss man bei solchen Beispielen die Argumente ganz neu gewichten, denn die vielleicht für Feinde von skandinavischer Erdbeertorte noch recht überzeugenden Risiken treten hier, verglichen mit den möglichen handfesten Vorteilen, schnell in den Hintergrund. Es wäre der richtige Kompromiss in dieser überhitzten Debatte, nur dann zusätzliche Risiken durch Grüne Gentechnik in Kauf zu nehmen, wenn die Vorteile für die Umwelt und für die Entwicklungsländer sehr deutlich sind.

Allerdings muss genau geschaut werden, was armen Ländern wirklich nutzt. Das gentechnisch veränderte Saatgut erzwingt es häufig, bestimmte Herbizide einzusetzen. So werden Bauern schnell von Konzernen abhängig, die allein solche »Pakete« liefern. Primär haben vor allem Großbetriebe die Infrastruktur, um Gentechnik einzusetzen. Das könnte traditionelle kleinbäuerliche Strukturen gefährden. Und Däumchen drehende Kleinbauern sind nicht gerade gut gegen den Welthunger, ganz im Gegenteil. Zudem wird es für die

Bauern in Entwicklungsländern schwierig, ihr neues Saatgut wie bislang aus der alten Ernte zu gewinnen, wenn die häufig fortpflanzungsunfähige gentechnische Saat eingesetzt wird. Viele Bauern können es sich nicht leisten, jährlich neues Saatgut zu kaufen. Daher empfehlen die Experten des Weltlandwirtschaftsrates (IAASTD) im Jahr 2008, zurück zu kleinbäuerlichen Strukturen zu gehen, statt großräumig intensive Landwirtschaft mit Gentechnik einzusetzen. Also ist die angemessene Reaktion auf die gestiegenen Preise für Nahrungsmittel nicht Gentechnik, sondern die Wahl ganz anderer Anbauverfahren.

Noch haben wir nämlich gar keinen globalen Mangel an Nahrungsmitteln, sondern wir verteilen sie nicht richtig. Solange unsere Supermarktregale vor Lebensmitteln bersten, solange in Restaurants auf den Philippinen so viel Reis zu haben ist, dass man Reste wegwerfen muss, solange Schwellenländer immer mehr Weizen und Fleisch kaufen können, kann die zu verteilende Masse trotz einiger Missernten nicht zu gering sein. Erst für die in Zukunft erwarteten Menschenmassen könnte es wirklich interessant werden, die Produktion durch Gentechnik zu steigern. Allerdings nur, wenn regionale und traditionelle Techniken des Anbaus nicht ausreichen, wie sie der IAASTD (es gibt Abkürzungen, die vereinfachen die Welt nicht unbedingt) fordert. Allerdings ist technisch noch nicht viel möglich, was speziell für die Entwicklungsländer attraktiv wäre. Der goldige Vitamin-Reis wird immer noch getestet (Stand Mai 2016), und noch wächst auch genetisch verändertes Getreide nicht in der Salzwüste. Bislang werden mit Gentechnik primär Baumwolle, Energiepflanzen und Tierfutter optimiert. Allerdings sollten Chancen von Lebensmitteln für den Süden tatkräftig erforscht werden – jedoch nicht nur von den Konzernen, die allein nach neuen Absatzmärkten suchen. Es wäre etwa Aufgabe der UNO, hier weiter zu forschen, wenn man die Interessen der Hungernden im Auge haben möchte.

Fazit: Auch wenn in der Grünen Gentechnik Potenzial steckt, große Probleme der Menschheit zu bekämpfen, ist es nicht zu rechtfertigen, dass derzeit genetisch veränderte Pflanzen auf unsere Speisekarten kommen. Die westliche Welt braucht keine Gentechnik. Für die Entwicklungsländer ist Gentechnik derzeit noch ein Weg in die falsche Richtung. Daraus folgt meine Empfehlung: *Grüne Gentechnik, die das Potenzial hat, den Hunger zu bekämpfen, im Labor- und Freilandversuch – Ja. Gentechnik irgendwelcher Art im Supermarktregal – Nein.*

III. Erstaunliche Konsequenzen der Interessenethik: Wirtschaftsethik

14. KAPITEL
SIE TRICKSEN UND BETRÜGEN, WAS DAS ZEUG HÄLT – KONZERNE AM PRANGER[78]

Zu viele Skandale, zu wenig Regeln

Wie ernst sind die nicht enden wollenden Skandale à la VW, Siemens und Deutsche Bank zu nehmen und wie kann man sie eindämmen? Zuerst einmal dürfen wir diese Skandale nicht überbewerten. Erstens verleihen sie unseren größten Konzernen das menschliche Antlitz, das wir so oft vermissen: Hier können noch angesichts geballter Effizienz und Smartheit veraltet scheinende, zutiefst menschliche Untugenden wie beispiellose Dummheit und peinlicher Geiz gedeihen. Zwei-

---

[78] Mehr zur Wirtschaftsethik in Gesang 2016.

tens: So ärgerlich diese Skandale sind, das Hauptproblem der sozialen Marktwirtschaft im 21. Jahrhundert lautet nicht, dass viele Unternehmen die bestehenden Regeln mit Füßen treten. *Es besteht vielmehr darin, dass keine Regeln bestehen, die ausreichen, um ein nachhaltiges und gutes Wirtschaften zu erzwingen.* Selbst wenn alle Unternehmen sich an die bestehenden Spielregeln halten würden, wäre unsere Wirtschaft auf Kollisionskurs mit einem Eisberg. Es geht also vor allem darum, neue Regeln zu formulieren. Da das nicht ganz einfach ist, ist sogar die Wissenschaft gefragt, überhaupt neue nachhaltige Wege vorzudenken. Die deprimierende Frage der Umsetzung stellt sich dann auch sehr schnell. Und da sind wir bei freiwilligem Vorreitertum, das die Skandale gerade infrage stellt. Wir glauben die Märchen von der guten Bank, die etwa mit grünen Bändern der Sympathie unsere Nöte lindert, selbst besoffen nicht mehr. Neue Regeln über freiwillige Selbstverpflichtungen umsetzen und so zeigen, dass auch Unternehmen am Markt bestehen, die ihre Profitgier zügeln – das ist ein Modell, das VW und Co. torpedieren. Die bestehenden Skandale sind zwar nicht das Hauptproblem, aber trotzdem schädlich und ärgerlich, denn sie können einen mühevoll etablierten Weg zerstören, gute Regeln umzusetzen.

Natürlich könnte man auch meinen: Wunderbar, die Skandale zeigen, dass man als Unternehmen nicht mit Tricksen und Betrügen durchkommt. Man muss damit rechnen, erwischt und gehörig bestraft zu werden. Sei es durch Bußgelder, sei es durch Ansehensverlust. Dabei darf man nur nicht verschweigen, dass manche Unternehmen diesen Reputationsverlust erlitten und ohne finanzielle Einbußen weggesteckt haben (etwa Primark oder KiK), weil die Konsumenten an der Ladenkasse zu Dagobert Duck mutierten. Aber immerhin, handeln gegen das Gesetz ist offenbar unklug.

Für die Moral ist das allerdings kein befriedigendes Fazit,

denn die gesetzlichen Regeln reichen ja noch lange nicht aus, wir brauchen für Nachhaltigkeit mehr. Gesetze werden staatlich überprüft, moralische, darüber hinausgehende Selbstverpflichtungen nicht. Zu solchen haben sich die meisten Konzerne in hehren Ethikkodizes bekannt – immerhin Schritte in die richtige Richtung hin zu einem nachhaltigen und menschenwürdigen Wirtschaften, aber eben doch nicht ausreichend. Aber wenn schon bei den Gesetzen betrogen wird, wie wird es da erst bei den primär vom schlecht informierten und wankelmütigen Kunden überwachten moralischen Regeln sein? Manche Unternehmen richten ehrgeizige Compliance-Abteilungen ein, um den armen Kunden zu unterstützen, was gut ist. Aber die sind oft nur auf bestimmte rechtlich erfasste Probleme, etwa Korruption, hin ausgelegt. Zwar reichen die freiwilligen Regeln, zu denen sich Konzerne bekennen, oft ebenfalls nicht für wirklich nachhaltiges und menschenwürdiges Wirtschaften, sind aber erste Schritte in die richtige Richtung.

Auch die Wirtschaftsethiker bemühen sich seit Jahrzehnten, die Dinge zu verbessern und eine neue, nicht vom Profit diktierte Unternehmenskultur zu schaffen, die auf Vertrauen aufbaut. Und klingt das nicht schon deshalb prima, weil es sich nahtlos einreiht in die Diskussionen, die wir mit dem Ehepartner nach dem Seitensprung und dem Steuerberater bei der Steuerhinterziehung haben? Bekenntnisse zu dieser Vertrauenskultur scheinen jedoch im Falle wiederholter Skandale nur Propaganda der Konzerne zu sein. (Man erinnere sich an VWs Absage, aus Skandalen zu lernen, da sich dort schon ein schmuddeliger Sexskandal beim Betriebsrat ereignet hatte, bevor der Abgasskandal über den Konzern hereinbrach.) Der Wirtschaftsethiker wälzt offenbar wie Sisyphos den Stein den Berg herauf, der dann sofort wieder herunterrollt und so fort...

Hier muss man allerdings auch manchen Wirtschaftsethikern auf die Finger hauen, die über Jahre gelehrt haben, Moral könne nur dann umgesetzt werden, wenn sich ein Win-win-Verhältnis mit dem Profit herstellen ließe.[79] Das führte dazu, der Profitlogik treu zu bleiben. Und den meisten Profit verspricht man sich, wenn man den Garanten für dieses Win-win-Verhältnis, das öffentliche Vertrauen, durch »Schein statt Sein« sicherstellt, also glaubwürdig heuchelt und zusätzlich wie VW auch mit dem Regelbruch absahnt.

Wenn man genauer hinschaut, ist dieser Pessimismus allerdings nicht so ganz korrekt. Er stimmt oft für große AGs, die werden ihrem schlechten Ruf oft gerecht. Die Aktionäre interessieren sich nur kurzzeitig für ihr Unternehmen und auch nur dafür, dass das Geld im Kasten klingt. Nach wenigen Jahren steigen sie mehrheitlich wieder aus und investieren andernorts. Klar, dass da primär kurzfristige Erfolge zählen. Im Mittelstand, bei Familienbetrieben, grasen oft noch wirklich zufriedene Kühe auf grünen Wiesen im Sonnenschein. Die viel beschworenen »ehrbaren Kaufmänner« sollen da noch nachts auf den Fluren gesehen worden sein. Diese versuchen häufiger, ihr Unternehmen als für die Gesamtgesellschaft nützliche Einrichtung zu betreiben. Leuchttürme wie dm sind meist so aufgestellt. Das gipfelt in der aktuellen Debatte um zunehmende »social businesses«, das sind Geschäfte, die bewusst zur Lösung eines gesellschaftlichen Problems betrieben werden. Also rollen nur zwei Drittel der Steine den Berg immer wieder hinab, einige bleiben auf der Spitze liegen.

---

[79] Homann, Blome-Drees 1992.

Wie kann man den Steinhaufen auf dem Berg
größer machen?

Alle Akteure können dazu beitragen:

a) Staaten: Erst einmal könnten unsere Staaten die richtigen Regeln ordnungsrechtlich festsetzen und auch deren Umsetzung überwachen. Aus vielen Gründen wollen die Staaten das irgendwie nicht so richtig. Sich mit der Wirtschaft anlegen ist etwas aus der Mode gekommen, auch wenn das die übelste Gesellschaft im Saloon ist. Aber selbst mutlose und verzagte Politiker können Unternehmen unterstützen, die sich freiwillig selbst zu Schritten in diese Richtung verpflichten. Zum Beispiel mit Belohnungen: Steuerbefreiungen für Unternehmen, die sich einem extern überprüften Ethikmanagement unterwerfen.

b) Konsumenten: Die Kunden sind eine Instanz, die moralische Eskapaden eines Unternehmens bestrafen kann. Weniger schlechte und mehr gute Produkte kaufen, das ist eine Sprache, die Unternehmen verstehen. Wir alle dürfen also Sheriff spielen. Allerdings: Die Konsumenten sind selbst oft »moralisch korrupt«, d. h. setzen sich moralisch hohe Ansprüche, die aber an der Ladenkasse enden. Dagegen hilft nur: argumentieren, aufklären, Zusammenhänge veranschaulichen, erziehen, argumentieren, aufklären, Zusammenhänge veranschaulichen, erziehen usw. So auch die Psychologie: Wenn man sich beim Schummeln im Spiegel beobachtet, lässt man es. Wir müssen uns selbst als Kunden den Spiegel vorhalten, damit Ausreden wie: »So viel Informationen kann man gar nicht sammeln, wie bewusster Konsum erfordert«, verstummen. Eine Lösung für dieses Problem wäre zum Beispiel, eine App zu installieren, die den Barcode eines Produkts ins Handy scannt und alle relevanten Infos sofort liefert.

Aber selbst wenn die Konsumenten – nur so rein hypothetisch mal angenommen – motiviert und engagiert sind, muss man auf Tatsachen hinweisen: Den eigenen Konsum zu verändern ist oft viel teurer, als billig einzukaufen und die Differenz zum teuren, guten Produkt zu spenden. Es gibt heute zertifizierte Wohltätigkeitsorganisationen, über deren Effektivität kein Zweifel besteht (vgl. die Internetseite von »Giving What We Can«). Mit Spenden kann man aus einem Euro mehr Gutes herausholen als damit, anders einzukaufen. Und doch: Wenn wir alle nur spenden würden, würden wir ein wichtiges Werkzeug, um den Kapitalismus zu bändigen, ungenutzt aus der Hand geben. Und das ist auch nicht im Sinne des Erfinders. Irgendwann könnte die Effektivität eines Euros unter diesen Umständen umschlagen. Faustregel wie beim Geld anlegen: ein Portfolio schaffen, also Risiko streuen. Wenn man im Monat 50 Euro für die Weltrettung einplant, sollte man für 25 besser konsumieren und 25 Euro spenden. Alltagstauglich formuliert heißt das: Mal vernünftig einkaufen, aber auch mal spenden und zwar für die Bedürftigsten, nicht für die Mundarttage der Kreissparkasse.

Beim Einkaufen sollte man da ansetzen, wo man möglichst viele Fliegen mit einer Klappe schlägt: beim Konsum von tierischen Produkten. Wenn man da nur noch Bioprodukte kauft, leistet man einen Beitrag, um das beispiellose Leid der Tiere aus Massentierhaltung zu verringern. Man senkt aber auch gleichzeitig den CO_2-Ausstoß, weil man – dadurch, dass das Biofleisch teurer ist – in der Regel auch weniger von dem teuren Fleisch konsumiert. Tierhaltung und Futtermittelproduktion sind der zweitgrößte Emittent von CO_2 nach der Stromerzeugung. Man verringert den Hunger in der Welt, weil Anbauflächen für Tierfutter die Flächen für Nahrungsmittelproduktion verdrängen. Das macht das Angebot knapper und die Preise steigen, für die Ärmsten eine Katastrophe.

Und man tut etwas für die Gesundheit, wenn man nur ein oder zwei Mal die Woche Fleisch isst. Nicht umsonst hat die WHO die meisten Fleischsorten noch jüngst als krebserzeugend eingestuft. Also: Lieber viele Fliegen auf einmal statt viele Schweine auf einmal töten.

c) Mitarbeiter: Große Hoffnungen setze ich darauf, dass die Industrienationen vergreisen. Diese Methusalemnitis bewirkt, dass Fachkräfte für Unternehmen zur Mangelware werden. Folglich wird die Konkurrenz um diese Ware größer. Wenn die Mitarbeiter sich die Unternehmen aber aussuchen können, sollten sie nicht nur die bevorzugen, die eine kostenlose Schachtel mit Schokolade ins Büro stellen oder die Yoga-Kurse mit attraktiver Kursleiterin anbieten. Auch die moralische Qualität eines Unternehmens sollte von den Mitarbeitern bei ihrer Wahl des Arbeitgebers berücksichtigt werden. Es ist nämlich nicht zuletzt lästig, sich laufend für das eigene Unternehmen zu entschuldigen. Bei VW zu arbeiten war in letzter Zeit kein Zuckerschlecken, und bei der Deutschen Bank weiß man gar nicht mehr, was Zuckerschlecken ist. Anders herum macht es laut Glücksforschung zufriedener, in einem Job zu arbeiten, den man verantworten kann und auf den man stolz ist. Nicht zuletzt ist man dann auch besser, belastbarer und effektiver. Hier entsteht ein ganz neues Instrument, um die Wirtschaft zu verbessern.

Fazit: Es gilt, die Skandale, die unsere Medien gern für höhere Leserzahlen benutzen, nicht überzubewerten, aber trotzdem ernst zu nehmen. Das wirkliche Übel unserer Wirtschaftsweise liegt nicht in Vergehen gegen die Spielregeln – sondern in den Regeln selbst. Aber gleichwohl müssen wir Regelbrüche bekämpfen, wozu Staat, Konsument und Mitarbeiter die besten Waffen in den Händen halten.

IV. Erstaunliche Konsequenzen der Interessenethik: Demokratie und Europa

15. KAPITEL
DEMOKRATIE AM SCHEIDEWEG

Die Diagnose

Die Menschheit gleicht einem Krebskranken, der bisher kaum Beschwerden hat, aber wissen sollte, dass er in großer Gefahr schwebt. Die Ärzte raten ihm zu schmerz- und risikovollen Therapien, aber eigentlich fühlt sich der Patient noch wohl und die Vorstellung von Nebenwirkungen der Therapie verschreckt ihn zutiefst. Das Ausmaß dieser Probleme wird seit Jahrzehnten beschrieben. So haben die Berichte des Club of Rome uns seit den 70er Jahren des letzten Jahrhunderts beständig begleitet und aufzurütteln versucht.[80] In vielen Bü-

---

[80] Randers 2012.

cherregalen der 68er-Generation fanden sich Relikte des Papiergewitters vom Club of Rome, und heute lächeln sie uns meist auf Flohmärkten entgegen. Auch wenn manche Prophezeiungen sich nicht erfüllt haben, wird die Wachstumskrise unseres Systems eindrucksvoll durch die Berichte des Weltklimarates (IPPC) unterstrichen. Inzwischen wissen wir auch, dass einige dieser Berichte die Ressourcenknappheit dramatisierten, aber die Knappheit der Kapazität der Erde überschätzt haben, Schadstoffe aufzunehmen. Ihre düstere Prophezeiung bleibt gültig: Ungehemmtes Wachstum führt uns in eine beispiellose Krise. Das ist die Krebsdiagnose. Jedenfalls ist es unübersehbar, dass wir zukünftige Generationen und, primär auf der Südhalbkugel auch gegenwärtige Generationen, massiv benachteiligen. Ja, wir verspielen ihre Existenzbedingungen.

Die Treibhausgasemissionen, der Flächen- und Ressourcenverbrauch, die Weltbevölkerung, die Umweltzerstörung, all dies wächst ungebremst, und unkontrolliertes Wachstum ist ein Merkmal von Krebszellen. Während »gesundes« Wachstum zu neuen Gleichgewichten führt, führt unbegrenztes Wachstum in der Regel drei Meter tief unter die Erde. Unser Planet ist ein begrenztes System. Wenn wir nun immer weiter und weiter wachsen und dabei das System schädigen, müssen die Grenzen des Systems irgendwann erreicht sein. Das kann man vor aller Erfahrung schon allein mit den Waffen des Verstandes, im Lehnstuhl sitzend und Schwarzwälder Kirsch verspeisend deduzieren.

Aber diese dunklen Wolken können wir, »smart« wie wir nun mal sind, sicher schnell aus unseren Köpfen blasen. Haben wir nicht immer in der Not eine Technik entwickelt, die es uns erlaubte, Grenzen zu überschreiten? Apokalyptische Zukunftprognosen in Ehren, aber die gibt's immer wieder und wir leben noch! Die Wälder sind grün wie immer und in den Flüssen kann man anders als früher wieder baden.

Aber auch dieser Ansatz hat seine Tücken: Wie oft hinter-
einander werden uns technische Wunder retten? Und haben
Wunder nicht seit der Aufklärung an Popularität verloren?
Zumindest kann man fragen, ob wir verantwortlich handeln,
wenn wir in der Hoffnung auf technische Wunder Problem
auf Problem häufen. Unser Umgang mit Atomkraft, Klimawandel, Wasserarmut, grüner Gentechnik, Phosphor in der
Landwirtschaft, Antibiotika, dem Wirtschaftswachstum angesichts ökologischer Grenzen etc.: All das sind Wetten darauf, Probleme irgendwann mit noch zu entwickelnden Techniken lösen zu können. Bei keiner dieser Wetten können wir
uns erlauben zu verlieren, denn der Einsatz ist extrem hoch.[81]

Zumindest kann man fragen, ob wir verantwortlich handeln, wenn wir aufgrund der Hoffnung, zu jedem Problem
eine technische Lösung zu finden, Problem auf Problem häufen. Das gleicht dem Verhalten eines Spielers am Roulettetisch, der dreimal mit Rot gewonnen hat und nun immer weiter darauf setzt. Jeder Beobachter weiß, dass er nach einem
Spielabend mit dieser Strategie wahrscheinlich Haus und Hof
und Hund verspielt hat.

In den letzten Jahren ist zu allem Übel eine neue Dimension
des Klimawandels erkannt worden, die unsere Lage drastisch
verschlimmert. Bislang agieren Erde, Wälder und Meere net-
terweise als Speicher für CO_2 und Methan. Aber die Gefahr
besteht, dass sie bei zunehmenden Temperaturen die in ihnen
gespeicherten Klimagase – ganz ohne nachzudenken – wieder
freisetzen. Mitglieder des britischen Hadley Zentrums für Kli-
maforschung und -vorhersage und andere Klimaforscher behaupten, dass wir bei einer Erwärmung über zwei Grad hinaus einen kritischen »Kipppunkt« überschreiten.[82] Als Folge

[81] Jonas 1985, 1979, 76–83.
[82] Cox u. a. 2000, Lynas 2008.

davon gehen die Forscher von einer Eigendynamik im Klimasystem aus: Wie Dominosteine fallen, würde das Überschreiten dieses Kipppunktes zu einer weiteren Freisetzung von CO_2 und Methan führen, die den nächsten Kipppunkt auslöse, was eine weitere Freisetzung bewirken würde, die den nächsten Kipppunkt auslöse und so fort. Was wir dann noch tun, ist ganz egal, der Klimawandel läuft wie eine Kettenreaktion ohne uns ab. Die Botschaft lautet: Überschreiten wir zwei Grad, landen wir unaufhaltbar bei sechs oder mehr Grad. Damit steht der Fortbestand der Menschheit zur Debatte, denn in einer so warmen Welt lässt sich kaum noch ein Überleben denken, insbesondere wenn man die sozialen Folgen (atomare Kriege um Wasser und sonstige Dummheiten) mitbedenkt. Für alle, die diese schlechten Nachrichten nicht glauben, werden im übernächsten Kapitel Argumente entwickelt, weshalb sie trotzdem die gleich beschriebenen Therapien unterstützen sollten.

Eine bessere Politik

Die Therapien, die bei so einer Diagnose helfen, sind bekannt: geringeres Bevölkerungswachstum, ein globaler Emissionshandel, Ausbau erneuerbarer Energien, weniger Fleischkonsum und vieles andere mehr. Diese Arzneien verschreiben verständige Ärzte uns nun schon seit Jahrzehnten, aber verbindliche Abkommen über die Begrenzung der Erderwärmung, des Bevölkerungswachstums etc. scheitern. Daher kommt die Einsicht auf, dass es mit Rezepten dieser Art nicht getan ist. Es gibt Gründe, warum wir die Pillen nicht schlucken, und diese liegen auch im gestörten Verhältnis von Arzt und Patient. Die Ärzte in unseren politischen Systemen sind die Politiker in Regierungsämtern, und diese können und wollen die Patienten nicht dazu zwingen zu tun, was ihnen Angst bereitet, denn sie können die Ärzte mit Abwahl bestrafen. Unsere bislang so erfolgreichen demokratischen Strukturen selbst müssen Gegenstand der Therapie werden, wenn der Patient Erde gerettet werden soll. Demokratie kann man an dunklen Tagen als Herrschaftsform beschreiben, in der unqualifizierte Politiker und unqualifizierte Wähler gemeinsam in den Abgrund stolpern.

Wieso unqualifizierte Politiker? Gemeint sind einerseits die Reagans und Bushs, die Teapartyabgeordneten, Trumps und Berlusconis, die in der Demokratie immer wieder für gute Unterhaltung mit fatalen Folgen gesorgt haben. Gemeint sind aber auch die meisten anderen Führer, die nicht verstehen, welche Bedrohung ökologische Probleme darstellen, wenn sie als Spieler am Roulettetisch immer wieder auf Rot, d.h. auf einen Primat der Wirtschaft setzen. Selbst die demokratische Obama-Regierung und der demokratische Kongress haben offenbar die Klimaverhandlungen von Kopenhagen bewusst durch vorherige Absprachen mit den Chinesen scheitern lassen, wie man im Umfeld der Verhandlungen nachlesen konnte.[83] Weder sind die Politiker ausgebildet, komplizierteste Systeme samt ihrer Wechselwirkungen zu steuern, noch können und wollen sie anderes tun, als die Politik zu machen, die ihnen den Machterhalt sichert. Zukünftige Menschen sind keine aktuellen Wähler und können Politiker nicht mit Macht belohnen. Die Anreize in der Demokratie sind auf den Machterhalt von Legislaturperiode zu Legislaturperiode ausgerichtet, aber die Gewinne von Ökologiepolitik treten erst viel später ein. Zwar liefert diese »ökonomische Demokratietheorie«[84] keine vollständige Beschreibung unserer Demokratien. Aber

---

83 http://www.spiegel.de/wissenschaft/mensch/0,1518,733230,00.html.
84 Downs 1957.

auch wenn z. B. klar ist, dass nicht alle Menschen nur ihren Eigennutzen steigern wollen, so glaube ich doch, dass die Mehrheit meist ihren eigenen Vorteil sucht. Allerdings findet sie diesen oft nicht, weil sie schlecht informiert ist, ihre wahren Präferenzen nicht kennt oder schlecht Folgen berechnet etc. Wir sind Möchtegernegoisten.

Zudem machen sich Politiker häufig abhängig von Lobbys. Die Lobbys werden größtenteils nicht vom Bürger gewählt, sondern (wie der Vorstand der Schrebergarten-Kolonie) nur von Vereinsmitgliedern. Ich würde nicht so weit gehen, Lobbys generell mit Korruption zu verbinden, aber finanzielle Anreize spielen hier auf jeden Fall eine Rolle. Die politische Praxis sieht nun vorrangig so aus, dass sich die Vertreter der Politik mit denen der Lobbys auf Kompromisse einigen. Dabei setzen sich heute die verschiedenen Verbände und Interessengruppen mit den Politikern zusammen und beginnen einen Tauschhandel um Kompromisse. Es siegt nicht das wichtigste Interesse, sondern jenes, welches das beste Tauschgeschäft bietet.

Wieso unqualifizierte Wähler? Nun, diese versuchen in der Demokratie meist, ihre eigenen kurzfristigen Interessen – weniger Steuern, weniger Vorschriften, weniger Arbeitslose und weniger Muezzinrufe – durchzusetzen, und damit ruinieren sie beispielsweise die Umwelt nachhaltig. Es ist ja irreführend zu meinen, die Wähler würden das Allgemeinwohl kennen und herbeisehnen, nur die Politiker und Lobbyisten würden der Ausführung dieser Wünsche im Wege stehen. Vielmehr sind die Wähler mehrheitlich egozentrische Wesen, die für komplexe Systeme denkbar ungeeignete Steuerungselemente sind. Sie interessieren sich häufig kaum für die globalen Probleme, z. B. für die Armut der Entwicklungsländer und das Problem, wie man in zweihundert Jahren einen Hauseingang an den Küsten Bangladeschs ohne Taucheranzug erreicht. Was sie interessiert, ist, ob sie ein paar Euro mehr Steuern zahlen.[85] Auf diesen Nenner brechen sie die komplizierteste Lebenswelt herunter, der sich die Menschen je gegenübersahen. Das lobbyistische System, das dem Zweck dient, das Allgemeinwohl auszuhöhlen, spiegelt die Interessen vieler Bürger gerade wieder. Sonst würden sich diese kaum in Verbänden organisieren (z.B. in Gewerkschaften, die jahrelang gegen die Ökosteuer kämpften). Deshalb wird auch das vermeintliche Wundermittel, mehr direkte Demokratie, gegen Kurzsichtigkeit und Egoismus kaum helfen. Die Probleme der Menschen, die nach den eigenen Kindern leben werden, interessieren die meisten Bürger herzlich wenig. Genauso wie die Politiker haben auch die Wähler ein Interesse daran, die Kosten der heutigen Politik und damit unsere Suppe von der Zukunft auslöffeln zu lassen.[86]

Unsere demokratischen Strukturen sind nicht fähig, mit der ökologischen Krise fertig zu werden. (Diktatoren sind das erst recht nicht – mehr dazu weiter unten –, aber jeder kehrt ja vor seiner eigenen Haustür.) Zu kurzfristig, zu egoistisch, zu populistisch ist unser System ausgerichtet, in dem nicht nur eine ökologische Wende, sondern schon eine grundlegende Rechtschreibreform ein Ding der Unmöglichkeit ist. Wie sind von diesem System die großen Einschnitte zu erwarten, welche die Menschheit überlebensfähig machen? Opfer sind gegenwärtig nicht mehrheitsfähig.

Das Allgemeinwohl kann in unserem System gar keine Stimme mehr erhalten, denn es hat keine Lobby und fällt so einfach unter den Tisch. Man ist bei uns gewohnt, diese Schwächen als einzelne Fehlentwicklungen zu erkennen und

---

[85] In der Schweiz setzt sich in der direkten Demokratie ein Homo oeconomicus mit langem weißen Bart durch, d.h., die Kurzeitinteressen der Rentner siegen beständig, vgl. Bonoli, Häusermann 2009, 201.

[86] Stein 1998, 136.

als Preis der Demokratie in Kauf zu nehmen. Frei nach Churchill: »Die Demokratie ist die schlechteste aller Staatsformen – ausgenommen alle anderen«. Allerdings: Der Preis der Demokratie ist nur für einen gesunden Planeten bezahlbar. Unsere Erde hingegen ist schwer krank. Wenn das allgemeine Interesse nur da umgesetzt wird, wo ihm keine größeren Einzelinteressen entgegenstehen, dann kann uns dies viele Leben kosten.

Neue demokratische Institutionen

Die Demokratie als solche steht mangels Alternative nicht zur Debatte. Eine globale Diktatur gegen den Mehrheitswillen der Bevölkerung müsste sich auf Gewalt und fiese Unterdrückung stützen. Sie müsste derartig viel Aufmerksamkeit auf den bloßen Erhalt ihrer Macht lenken, dass sie zu ihren eigentlichen Aufgaben gar nicht kommen könnte. Nur wenn die Menschen die Notwendigkeit von Veränderungen einsehen und akzeptieren, können sie mittelfristig zu Opfern bewegt werden. Also kann man nur resignieren oder darauf bauen, neue demokratische Institutionen zu schaffen, die diese Defizite ausgleichen.

Seit Jahren werden Zukunftsräte diskutiert. Gemeint sind dritte Kammern im parlamentarischen System. Deren Mitglieder könnten von Umweltverbänden, Universitäten, Forschungsinstituten, Journalistenverbänden, Schriftstellerverbänden etc. nominiert und vom Volk direkt und für längere einmalige Perioden (acht bis zehn Jahre) gewählt werden. So wird der Anreiz für Mitglieder der Kammer verhindert, die eigene Wiederwahl zu betreiben. Da eine direkte Wahl jedoch relativ sinnlos ist, wenn die Wählerschaft gegenwärtig in erster Linie auf den eigenen Vorteil bedacht ist, gibt es die Möglichkeit, den Rat vom Parlament oder von der Regierung einsetzen zu lassen. Das kann kurzfristig sogar am Mehrheitswillen vorbei passieren, aber langfristig muss es den Menschen einleuchten. Auf Dauer wird eine neue Institution nicht gegen den Willen der Mehrheit bestehen können, vor allem wenn diese Institution ihre Aufgabe ernst nimmt und eine Vielzahl der Gesetze beeinflusst. Dann würde sie zu einer unübersehbaren und mächtigen Störvariablen im politischen System. Daher besteht die einzige Hoffnung darauf, dass sie dauerhaft überlebt, darin, dass sie über kurz oder lang eine Mehrheit hinter ihrer Politik versammelt. Das gelingt nicht zuletzt durch bewusstseinsbildende Prozesse und eine andere Politik, die diese Institution selbst anstoßen kann. Ein Zukunftsrat darf sich nicht so zur politischen Bühne verhalten wie Statler und Waldorf, die beiden meckernden Logenopas aus der Muppets-Show, zur Puppenbühne.

Kandidaten für den Rat werden in der Regel engagierte Umweltschützer sein, die den Auftrag haben, die Interessen der Zukunft schon heute zu vertreten. Daher haben sie ein Recht, Gesetzesinitiativen zu starten, vor dem Parlament zu reden und Informationen zu sammeln und der Öffentlichkeit weiterzuleiten. Zudem sollten sie ein Vetorecht gegen Gesetze haben, welche die Nachhaltigkeit auf den Altären des Mammons opfern. Würden mehrere Länder solche Institutionen haben, hätte es der Klimawandel nicht so einfach. Demokratisch legitimiert wären solche Räte insofern, dass sie direkt oder vom Parlament gewählt würden, ja es gibt viele nationale und europäische Institutionen, die ihre Legitimation viel indirekter erhalten.[87]

---

[87] Das Bundesverfassungsgericht lässt hier sogar ausdrücklich mit Bezug auf die Europäische Zentralbank »Modifikationen des demokratischen Legitimationsprinzips« zu. (Ähnlich: Kielmansegg 2013, 648).

Vorteile einer solchen Institution wären: Ein ganzheitlich ausgerichtetes Gremium von Experten, also ein »Hort der Qualifikation«, erhält so mehr Gewicht. Falsche Anreize und kurzfristige Interessen werden durch das Mandat der Zukunftsanwälte (so nennt man Mitglieder der Zukunftsräte oder einzelne Kommissare für die Rechte zukünftiger Generationen), durch einmalige langfristige Wahlperioden und die Unabhängigkeit der Kandidaten von Parteien eingedämmt. Eine unabhängige Kammer hat zudem weniger Angriffsflächen für den Lobbyismus, sie kann sich beispielweise mit der Industrie anlegen, weil sie nicht mit Wiederwahl erpressbar ist. Sie würde den Interessen zukünftiger Generationen mehr Macht verleihen.

Wird hier aber nicht ein verkappt diktatorisches Instrument befürwortet? Droht nicht eine »Expertokratie«, eine Herrschaft von Wissenschaftlern? Der Aufbau des Zukunftsrates wäre demokratisch, wenn seine Vertreter durch Direktwahl oder die gewählten Verfassungsorgane legitimiert wurden. Gleichzeitig unterläge das Gremium genau auszubuchstabierenden thematischen Eingrenzungen auf Fragen der Zukunftsfähigkeit und wäre wie jedes Verfassungsorgan gerichtlicher Kontrolle unterworfen.

Es muss zugestanden werden, dass ein Zukunftsrat die Möglichkeit zu Machtmissbrauch bietet. Schreckgespenster wie der verordnete Gebrauch öffentlicher Verkehrsmittel, Sprit für 2,50 Euro den Liter oder ein Veggie-Day lassen uns das Blut in den Adern gefrieren. Auch das vorgeschlagene Nominierungs- und Wahlverfahren schließt nicht aus, dass es Einzelnen oder vielleicht einer Gruppe gelingt, eine Machtposition zu erringen und zu missbrauchen. Weil aber die Gewaltenteilung gewahrt bleibt, ist das Risiko hier nicht größer oder kleiner als bei jeder anderen staatlichen Institution. In unseren bestehenden Parlamenten und Regierungen ist

Machtmissbrauch ebenfalls möglich. Die Behauptung, dass aber ein Zukunftsrat eine Institution wäre, die Machtmissbrauch besonders leicht ermöglicht, leuchtet nicht ein.

Ist es aber nicht unmöglich, die Interessen von Menschen zu kennen, die beispielsweise in hundert Jahren leben? Wird die Technik deren Lebenswelt nicht so weit verändern, dass sie ganz andere Bedürfnisse haben als wir heute? Um diese Gefahr zu bannen, sollen Zukunftsräte sich an den Grundbedürfnissen der Menschen orientieren. Niemand weiß, ob man in 100 Jahren noch mit ungesunder Rückenhaltung tippend über die Straßen läuft, weil man süchtig nach Handys ist, aber jeder weiß, dass Menschen noch atmen, essen und trinken müssen. Eine Konzentration auf diese Basis, gepaart mit dem Anspruch, dass man wenigstens um mögliche Katastrophen in der Zukunft wissen kann, die solche Bedürfnisse gefährden, macht sinnvolles Agieren des Rates möglich.

Aber der größte Einwand ist der Wolkenkuckucksheimreflex: Neue Ansätze werden gerne als bloße Spinnerei abgelehnt, insbesondere von denen, die jede Idee mit diesem Vorbehalt totprügeln. Hier irren sie jedoch einfach: Eine ähnliche Institution ist bereits mehrfach durchgesetzt worden. Und was real war, muss wohl auch möglich sein, wenn man's recht bedenkt. So gibt es in Ungarn einen parlamentarischen Sekretär für die Rechte zukünftiger Generationen, der allerdings von der Orbán-Regierung entmachtet wurde. Doch zuvor wurde das Amt von Sándor Fülöp mit Leben gefüllt.[88] Ähnliches gab es in Israel und anderen Ländern. Die Funktionen und Kompetenzen dieses Zukunftsanwalts und seines Stabes sind vergleichbar mit denen des Zukunftsrates. Aber zur Nachahmung fehlt es am Willen der meisten Politiker, Macht

---

[88] Zu einem Tätigkeitsbericht: Fülöp 2014.

abzugeben, wenn man Gerüchten über diesen Berufsstand glauben darf. Was dagegen tun?

Eine lautstarke Minderheit könnte Politiker durch einen medienwirksamen Kampf nötigen, dem Anliegen entgegenzukommen, um das eigene Image zu wahren. So könnte man die Politiker unter Druck setzen, indem man mit guten Argumenten klarmacht, dass so eine Institution bitter nötig wäre und nur deshalb nicht eingeführt wird, weil das ein Stolperstein für die Machtgier der Eliten wäre. Auch auf Ebene einzelner Bundesländer könnte man ein »Pilotprojekt Zukunftsanwälte« starten, um Akzeptanz für die Institution zu erzielen.

Wenn all das fehlschlägt, könnte man erst einmal auf Ebene der Nichtregierungsorganisationen (NGOs) Zukunftsräte oder Anwälte etablieren, welche die aktuelle Politik kommentieren. Zudem sollten sie die abweichenden Entscheidungen protokollieren, die sie treffen würden, hätten sie mitzubestimmen. Dann könnte man im Laufe der Zeit gut dokumentieren, wie sich eine Politik mit und ohne Zukunftsrat unterscheidet, und das könnte diesen Institutionen helfen, sich zu profilieren und als erstrebenswerte Alternative darzustellen.

Ein Defizit eines Zukunftsrates wäre sicher, dass er keine große Gestaltungsmacht hätte. Zwar könnte der Rat Gesetzesinitiativen einbringen, wäre aber eher ein Verhinderungs- als ein Durchsetzungsinstrument. Allerdings kann man hoffen, dass sich die Programmatik der Parteien ändert, wenn der Rat die Arbeit aufnimmt. Wenn klar ist, dass bestimmte Parteiprogramme zu stetigen Konflikten mit dem Rat führen, wird man diese Programme ändern, um handlungsfähig zu bleiben. Deshalb würde das Vetorecht auch nicht zu einer politischen Blockade führen. Die politische Praxis verläuft in der Regel anders. Politiker sind pragmatisch genug, um Vetos zuvorzukommen und von vornherein konsensfähige Gesetze zu entwerfen. Ein Blick auf die USA lehrt, dass das dort mögliche Veto des Präsidenten gegenüber dem Kongress nur selten zustande kommt. (Wobei man jedoch den jeweiligen Grad des Wahnsinns, der bei Präsidenten und im Kongress vorherrscht, nicht unberücksichtigt lassen darf.) Man lässt es normalerweise gar nicht so weit kommen, sondern sucht den Kompromiss. So war es auch in Ungarn, als Sándor Fülöp im Amt war. Zudem kann man wie beim »Veto« des Bundesrates ein Vermittlungsverfahren zwischen den Kammern einführen. Hier könnte das Votum des Zukunftsrates bzw. Anwalts mit entsprechend großen Mehrheiten überstimmt werden.

Den pauschalen Einwand, dass neue Institutionen zu spät für die Rettung des Klimas kämen, kann ich nicht teilen. Erstens ist die Aufgabe der neuen Institutionen nicht auf den Klimaschutz begrenzt. Zweitens ist eine verbindliche und gehaltvolle Klimakonvention in den nächsten Jahren nicht zu erwarten. Davon abgesehen werden neue Institutionen sicher nicht überflüssig, sobald ein Abkommen erzielt wurde, sondern werden seine Umsetzung sichern. Wenn es also sinnvoll ist, sich für ein Abkommen einzusetzen, dann auch für neue Institutionen. Man kann daraus pessimistisch schließen, dass eben jede Rettung für das Klima zu spät kommt. Jedoch, bis kein Zweifel mehr daran besteht, muss man das vermeiden. Die Flinte zu früh ins Korn zu werfen kann immensen Schaden verursachen. Wenn das ein Ethiker sagt, dessen Job von Sisyphos und seinem Stein geprägt ist, basiert das auf besonderer Erfahrungsdichte. Zudem scheint der Klimawandel ein graduelles Problem zu sein: Es gibt wahrscheinlich nicht den Tag, an dem die Klimarettung in den Brunnen gefallen ist, sondern je früher sie greift, desto größere Schäden kann man vermeiden. Aber auch wenn man spät eingreift, kann man Schäden eindämmen. Allerdings ist ein Rat sicher nicht das Allheilmittel der Zukunft, wenngleich er einen wichtigen Schritt in die richtige Richtung darstellt.

Gerade während wir eine Krise Europas durchleben, sollten Initiativen aufkommen, den Zukunftsrat auch als eine Institution auf europäischer Ebene zu verankern. Wir erleben augenblicklich, dass Europa als reine Währungsgemeinschaft nicht funktionieren kann. Wir brauchen eine vereinheitlichte europäische Politik (mehr dazu in Kapitel 16), und ein Zukunftsrat kann ein entscheidendes Merkmal dieser Politik werden. Der in Europa anstehende Reformprozess sollte ein Klima schaffen, dass für institutionelle Neuerungen aufgeschlossen ist. Man sollte daher eventuell mit einem europäischen Zukunftsrat beginnen und dann Pendants auf Ebene der Nationalstaaten schaffen. Das ist die einzige Chance, auch die Weltpolitik dauerhaft zu reformieren. Ohne Europa, der einzigen Weltmacht, die sich noch für Ökologie und Menschenrechte einsetzt, gibt es kaum noch Hoffnung für die Welt.

Fazit: Jedenfalls gilt für alle, die nicht angesichts der Übermacht der Probleme resignieren wollen: Eine institutionelle Reform der Demokratie ist die Front, an der zu kämpfen ist. Um mit der Politikwissenschaftlerin Tine Stein zu enden: »Riskant ist nicht eine ökologisch motivierte Verfassungsreform, sondern riskant ist es, diese zu unterlassen.«[89]

---

[89] Stein 1998, 274.

16. KAPITEL

DIE NEUE RECHTE, TRUMPISMUS UND DIE VEREINIGTEN STAATEN VON EUROPA

Die neue Rechte

Europa taumelt. Die Welt taumelt. »Der Westen« löst sich auf, mitten in einer Phase vergleichsweisen Wohlstands und ohne äußere Bedrohung. All die Putins, Erdoğans und Assads können ihr Glück kaum fassen. Trump triumphiert und Europa sitzt passiv am Rande, hadert und erwartet den Gnadenstoß, den ihm die Briten noch nicht versetzen konnten.

In jeder Talkshow wird betroffen nach Antworten gesucht. Gefunden werden nur Selbstverständlichkeiten. Man müsse Europa besser erklären, die Politik müsse wieder zuhören lernen. Und jeden Abend Neues von der AfD, vor der alle Platz genommen haben wie die Kaninchen vor der Schlange, wartend, wann sie endlich zustößt. Was aber tun?

Man muss die neue Rechte verstehen und klare Alternativen formulieren:

Die Wähler der neuen Rechten sind zum Teil sozial auf der Strecke Gebliebene. Die haben berechtigte Sorgen. Selbst in unserem »reichen« Land gibt es soziale Brennpunkte, etwa in Ostdeutschland oder im Ruhrgebiet, wo die Verhältnisse oft katastrophal sind. Das Bildungssystem hat Schwächen, die Brücken wackeln auf den Autobahnen, die Renten wackeln im Gleichtakt mit, die Toiletten in Schulen betritt man besser nicht. Und in anderen europäischen Ländern ist es noch viel schlimmer. Das wird bei uns mit zunehmendem Reichtum vieler Bürger und des Staates selbst garniert, der sich in Steuerüberschüssen suhlt. Für alles scheint Geld da zu sein, nur nicht für die sozialen Missstände. Diesen Problemen muss man begegnen, hier hat die Politik versagt. Die sozialen Unruhen, die man bei Ungerechtigkeiten erwartet, finden derzeit in den Wahlkabinen statt. Die Lösung könnte in einem besseren Sozialstaat liegen, in dem auch die direkt mit den Leuten kommunizierenden Behörden, etwa die Arbeits- und Finanzämter, viel freundlicher und gesprächsbereiter auftreten. Wie wäre es, dort einmal auf individuelle Lösungen zu treffen, die den Menschen das Gefühl geben, dass diese Institutionen auf ihrer Seite sind? Man stelle sich einen Brief vom Finanzamt vor, der keinen Angstschweiß auslöst ... Noch besser wäre es für Europa, wenn Sozialreformen von Brüssel ausgehen: Laut Eurobarometer sieht eine Mehrheit in einer Sozialunion ein ganz wichtiges Instrument von mehr europäischer Gemeinsamkeit. Damit sollte man mehr Europa einläuten, wie im Ansatz beim Gipfel von Bratislava versucht. Allerdings gilt es sicherzustellen, dass Mittel effektiv verwendet werden. Autobahnen auf Sizilien, auf denen kaum jemand fährt, das sind Monumente gescheiterter Förderpolitik. Die Ursachen für diese sind zu identifizieren und zu beheben. Wenn die EU wieder einen guten Ruf hat, kann man dann die nötige Reform der Institutionen betreiben.

Speziell in Deutschland hat die Flüchtlingspolitik die Rechte beflügelt: Politiker und Medien müssen zeigen, dass Flüchtlinge dem deutschen »Prekariat« nicht primär Wohnungen wegnehmen, sondern auch einen Boom im sozialen Wohnungsbau auslösen. Die Gruppe der Schlechtgestellten wird durch Flüchtlinge größer und damit einflussreicher. Zudem zeigen die meisten Studien, dass Flüchtlinge und deutsches Prekariat selten um dieselben Arbeitsplätze konkurrieren. Einwanderungswellen haben bislang meist dazu geführt, dass die, welche sich vor der Welle am unteren Ende der gesellschaftlichen Treppe die Beine in den Bauch standen, nach der Welle eine Stufe höher gespült worden sind ... (mehr dazu in Kapitel 12). Eine parallel mit der Integration der Flüchtlinge angesetzte deutsche Sozialoffensive aus den gefeierten Steuerüberschüssen, die auch dazu dient, den Deutschen zu zeigen, dass sie nicht zu kurz kommen, ist eine gute Idee.

Eine weitere der zahlreichen Ursachen für den Populismus ist, dass sich viele Bürger von ihren Repräsentanten entfremdet haben. Daran sind nicht zuletzt einseitige Medienberichte schuld, die Politiker stets als korrupte, abgehobene Klasse darstellen. Aber die Politiker sind z.T. auch wirklich solchen Fehlverhaltens schuldig. Wenn sich etwa Kandidaten trotz schwerer Anschuldigungen bis zuletzt an ihre Kandidatur klammern (F. Fillon im französischen Präsidentschaftswahlkampf 2017), dann wird Vertrauen in »die da oben« massiv verspielt. Die Politiker müssen sich klar werden, dass Vertrauen die Basis des Fortbestands der Demokratie darstellt[90]. Vielleicht kann man auch mit verbesserten Parteistatuten Abhilfe schaffen, die regeln, dass Skandalnudeln wie Fillon zeitig zurücktreten müssen.

Im Rest Europas drückt der Schuh vorrangig an anderen Stellen. Man kann Globalisierungs- und Kapitalismusopfern, gerade in Südeuropa, damit helfen, dass man Jobs schafft, die Schere zwischen Arm und Reich nicht größer werden lässt und Politik zugunsten von Banken eingrenzt. Auch der einfach nicht rundlaufende Euro gehört noch einmal auf den Prüfstand. Hier muss ein umfassendes Reformprogramm von Brüssel aus starten, das die Ursachen der Turbulenzen angeht

---

[90] Den Gedanken verdanke ich Peter Graf von Kielmansegg.

und nicht nur Folgen lindert, indem Geldpressen angeworfen werden. Das »Establishment« verkennt die Lage, wenn es meint, das einfach aussitzen zu können. Die Politik der letzten Jahre ist einfach gescheitert und das liegt auch daran, dass die Institutionen in Europa schlecht sind.

Zum anderen Teil bestehen die Wähler der Rechten (neben den alten Unbelehrbaren) in »postfaktischen Gefühlsakrobaten«, deren Ängste, aus der Mittelschicht abzusteigen, beispielsweise mit falschen Zahlen über drohende Altersarmut, mit Fake-News oder durch die nur mit Gleichgesinnten und nicht mit der Realität in Kontakt stehende Informationskultur im Internet befeuert werden. Die Ängste finden ihren Gipfel in Flüchtlingsfeindlichkeit in Mecklenburg-Vorpommern, wohin sich nur in den seltensten Fällen ein Flüchtling verirrt. Auch da sollte man das aufklärende Gespräch suchen, Gefühle können prinzipiell in einer permanenten Konfrontation mit Fakten verändert werden, auch wenn man in Diskussionen häufig meint, gegen eine Wand anzureden. Nach dem hundertsten Regentanz ohne Wirkung gibt es bei jedem Schamanen einen schweren Kopf. Den redet er sich meistens schön, manchmal ändert er aber auch was, was auch von seinen Mitmenschen abhängt. EU-Gemeinderäte, von denen die EU-Politik kommunal erklärt wird, sind ein vielversprechender Import aus Österreich, um den Dialog mit der vom Establishment vernachlässigten Klientel zu führen. Und vielleicht wird die Gefühlslage der Menschen besser, wenn man Visionen wie die weiter unten aufgestellte von den »Vereinigten Staaten von Europa« charismatisch und bestimmt entwickelt. Das kann Begeisterung wecken.

Diese Vorschläge haben übrigens nichts mit Besserwisserei und Bevormundung zu tun. Dass die rechten Positionen falsch sind und dass die anderen politischen Kräfte im Land das erkennen und es damit besser wissen, ist eine Wahrheit, die zu leugnen nur Verunsicherung bringt. Richtig ist an dem Vorwurf der Besserwisserei, dass viele Wohlstandsbürger die echten sozialen Probleme vieler Bürger zu schnell als postfaktisch abtun.

Die Schicht, über die man allerdings mit Falten auf der Stirn nachdenken muss, sind »wir selbst«! Das sind die wohlsituierten Bürger, die sich an den Luxus der Demokratie gewöhnt haben und auch daran, ihn politisch passiv zu genießen. Wieso geht mit der zunehmenden rechten Welle in der Politik nicht eine viel stärkere Gegenbewegung einher? »Wir« müssen verdammt aufpassen, dass man uns unser Land, Europa und den politischen »Westen« nicht wegnimmt, wenn wir weiterschlafen und unsere Faulheit pflegen. Nach dem Brexit gab es viele Jugendliche, die nicht zur Abstimmung gegangen waren und dann feststellten: »Man hat uns unsere Zukunft in Europa genommen!« Das ist die Botschaft an all die entpolitisierten Wohlstandsgenerationen, die wir die letzten Jahrzehnte aufgepäppelt haben: Die Demokratie wächst nicht mehr an den Bäumen, sie ist nicht mehr »umsonst«. Es gilt aufzustehen, zu wählen, in Parteien einzutreten und diese umzukrempeln, wenn sie verkrustet sind. Die Mehrheit der Bürger hat sich lange genug von der AfD-Schlange hypnotisieren lassen, jetzt gilt es, geschlossen gegen die Rechte anzutreten und ihr zu zeigen, wo eigentlich ihr Platz ist: Bei 3 Prozent der hoffnungslos postfaktischen und deutschnationalen Spinner.

Und Europa? Wohin nur gehen? Bislang haben wir in Brüssel ein Provisorium errichtet, nicht Staat, aber doch mehr als Völkerbund. Aber solche halben Sachen überzeugen irgendwie keinen. Das Provisorium muss weiterentwickelt werden. Was bis zum Brexit richtig war, muss es auch danach sein. In einer globalisierten Welt haben kleine Nationalstaaten weder wirtschaftlich noch militärisch noch ökologisch noch im Hinblick auf die Menschenrechte etwas zu melden. Die Interessen der kleinen Länder werden in der globalisierten Welt zerrieben, wenn sie sich nicht organisieren. Es bleibt nur der Weg nach Europa oder ins Aus. Wir brauchen einen Motor, der die Welt in eine gerechtere und ökologischere Zukunft beschleunigt, sonst wird die Situation durch Klimawandel, Terror, Migration in einigen Jahrzehnten unkontrollierbar. Europa ist, wenn Amerika sich nur noch um sich kümmert, der einzige Kandidat dafür und daher unverzichtbar aus der Sicht einer Interessenethik. Es gilt, Europa endlich vom Debattierclub, der sich nie entscheidet und nach durchwachten Nächten in Brüssel faule Kompromisse und bürokratische Monster aushandelt, zur handlungsfähigen und verantwortlichen größten Wirtschaftsmacht der Welt weiterzuentwickeln.

Fazit: *Schluss mit dem Einstimmigkeitsprinzip bei Entscheidungen und dem Primat der Nationalstaaten, Schluss mit der gescheiterten Einstellung, dass eine reine Währungsunion überleben kann, hin zu einer integrierten und menschenrechtsbasierten europäischen Innen- und Außenpolitik, hin zu den Vereinigten Staaten von Europa, notfalls indem ein Kerneuropa vorangeht.* Das wird nur gehen, wenn man Europa völlig demokratisch aufbaut. Von einer Regierung durch Regierungen für Regierungen muss eine Regierung des Volkes für das Volk werden. Mit der Blockademacht der Nationalstaaten muss man dazu brechen. Dazu braucht es eine Verfassung, die den Minderheitenschutz regelt, und es sollte auch Vetorechte kleiner Staaten bei fundamentalen Fragen geben. Dabei darf man einige Fehler der nationalen Demokratien nicht wiederholen, was die Anreize dafür angeht, auf schnelle Erfolge zu setzen (ausführlich dazu in Kapitel 15). Dieses Europa kann man sicherlich mit Autonomierechten für die Regionen koppeln (Vorbild Schweiz), aber gemeinsame Strukturen sind unverzichtbar, wenn die EU international auftreten will, und das ist ihr Zweck. Das ist damit vereinbar, das Zusammenwachsen kontrolliert anzugehen. Europa muss sich erst einmal eine überschaubare Zahl von Kernprojekten vornehmen, die es kontrollierbar abarbeitet, um von den eigenen Bürgern und der Welt ernst genommen zu werden. An erster Stelle stehen dabei sinnvollerweise die angesprochene Sozialoffensive und dann der Umbau der Institutionen, um Europa intern mehr Akzeptanz zu verschaffen. Dann können weitere Schritte folgen.

Aber sind Schritte in diese Richtung nicht 2005 mit der Europäischen Verfassung gescheitert? Ja. Aber der seit 2005 eingeschlagene Weg ist ebenso gescheitert. Jetzt muss man daher erneut fragen: Machen wir es ganz oder gar nicht? Und welche Wunder: Das Eurobarometer zeigt, dass viel Verdruss über die EU daher stammt, dass es zu langsam vorwärtsgeht statt zu schnell.[91] Das belegt, dass die häufige Europa-Skepsis vielleicht andere Ursachen hat, als oft unterstellt. Natürlich fehlt uns ein europäischer Demos, ein Volk, das sich mit Europa identifiziert. Aber das fehlt vielen Nationalstaaten ebenso. Die Bildung eines Demos ist ein gradueller Prozess, der sicher durch Sozial- und Kulturpolitik beschleunigt werden muss, aber auch in einem Staatssystem und nicht nur vor seiner Bildung gelingen kann. Vergleiche auch die USA.

Die Wähler müssen für dieses Ziel begeistert werden, vielleicht mithilfe einer Sozialinitiative aus Brüssel und einer in Aussicht gestellten demokratischen Reform der EU. Dem stehen die Mitgliedsstaaten entgegen, aber sie müssen sich nun überlegen, ob sie allein mehr in der Welt erreichen können.

---

[91] http://www.bpb.de/internationales/europa/europaeische-union/
43008/die-akzeptanz-der-bevoelkerung.

Egoistisch brüllende Tiger müssen hier zu kooperierenden Bettvorlegern werden, wenn sie kühl kalkulieren. *Zudem ist es interessenethisch, wie gesagt, eine Katastrophe, wenn der letzte große Kämpfer für Ökologie und Menschenrechte ausfällt.* Die Krise setzt Bürger und Staaten unter Druck, und das kann auch Gutes bewirken. Europa haben und zugleich nicht haben wird auf die Dauer nicht machbar sein. Jedenfalls muss man das Ziel »Vereinigtes Europa« aber erst einmal vertreten, sonst werden sich niemals Heerscharen unter diesem Banner sammeln und mit Pauken und Trompeten auf Brüssel marschieren. Schluss mit den Halbheiten und her mit einer klaren Vision! Steht aber irgendwer dafür ein? Vertritt dieses Ziel eine der so »europafreundlichen« Parteien offensiv?

V. Erstaunliche Konsequenzen der Interessenethik: Klimaethik

17. KAPITEL

KLIMAPOLITIK IST EIN MUSS, SELBST WENN ES KEINEN KLIMAWANDEL GIBT

Instrumente guter Klimapolitik

Von der Klimapolitik hört man derzeit wenig Neues: Stagnation, der Gipfel in Paris hat kaum Fortschritte gebracht – und selbst hier will Trump sich querstellen. Klimapolitik wird also von vielen nicht als die oberste Priorität angesehen. Man setzt auf Symbole statt massive Investitionen. Woran liegt das? Wohl daran, dass wir uns zeitlich entfernte Gefahren kaum wirklich vorstellen können. Dazu hat uns die Evolution nicht ausgerüstet. Wenn es in unserer Höhle gut aussieht, wenn sie ordentlich, warm und gemütlich ist, ist die Welt in Ordnung.

Wen berührt es schon, dass man in der Höhle in 40 Jahren nasse Füße bekommen könnte, wenn das Meer zur Tür hereinlugt? Außerdem meinen viele, gegen den Klimawandel bereits alle Munition verschossen zu haben. Irgendwann kommt er in die bequeme Schublade: »Kann man nichts dran ändern und ist eben da.« Manche Menschen glauben auch nicht an »ihn«, den alles zermalmenden Klimawandel. Zu viele »klimaskeptische« Leitartikel haben wir hinter uns. Und außerdem: Wie oft wurde schon vor scheußlichen Katastrophen gewarnt und letztlich geht alles wie immer weiter. Aussitzen scheint zu funktionieren! Prima, in einem Boot mit Helmut Kohl und Angela Merkel.

Wäre da nicht eine beunruhigende Stimme aus der Tiefe unseres Gewissens, dass wir etwas verdrängen... Wenn sich doch fast alle ernst zu nehmenden Wissenschaftler, die das Qualitätssiegel der unabhängigen Begutachtung vor sich hertragen, einig sind?[92] Wenn man hört, dass fast alle Klimaskeptiker letztlich nicht in dieser oberen Liga der Wissenschaft mitspielen? Wenn man »Kleinigkeiten« wie die ständig frühere Apfelbaumblüte ernst nimmt?

Diese zukünftigen Bedrohungen geben aber nicht allein einen guten Grund ab, um Klimapolitik zu betreiben. Klimapolitik ist auch dann schon geboten, wenn wir uns nur an den sichtbaren Problemen der Gegenwart orientieren. Das sollte allen Klimaskeptikern das Wasser abdrehen. Genauer: Was ist das sichtbarste Problem unserer Zeit? Dass jeden Tag viele Menschen verhungern. Aber was hat das mit dem Klimawandel zu tun? Natürlich, der schafft mehr Armut, weil er Ernten verringert und Wasser knapper macht. Aber sonst? Der Zusammenhang wird deutlich, wenn man sich die besten Mittel zum Klimaschutz ansieht:

---

[92] Rahmstorf, Schellnhuber 2007.

Emissionshandel: Ein sinnvoll eingerichteter globaler Emissionshandel kann auf einen Geldsegen für Schwellen- und Entwicklungsländer herauslaufen. Die Idee ist ja: Alle Länder bekommen die gleichen Pro-Kopf-Rechte, CO_2 zu emittieren, nach ihrer Einwohnerzahl. Die Anzahl der vergebenen Zertifikate ist begrenzt (Cap), sodass alle zusammen zu einem CO_2-Ausstoß berechtigen, den unser Planet ertragen kann (das berühmte Zwei-Grad-Ziel bietet sich als Leitlinie an). Wir hier in unseren gemütlichen Industriehöhlen können eine Zeit lang weiter viel CO_2 ausstoßen und die armen Länder, die wenig Industrie und daher unglaublich ungemütliche Höhlen bei niedrigen Emissionen haben, verkaufen uns dafür einige ihrer unbenötigten Zertifikate, bis wir die Zeit gefunden haben, uns umzustellen. Ein solcher Handel bedeutet Nettozahlungen an arme Länder oder Bürger, also einen Geldsegen für die ärmsten Länder. Und genau das könnte das Armutsproblem lösen helfen. Natürlich muss einiges zusätzlich beachtet werden, so zum Beispiel, dass das Geld nicht in den Rachen korrupter Diktatoren verschwindet. Aber nehmen wir mal an, das bekämen wir in den Griff, notfalls geben wir solchen Ländern kein Geld…

Also: Selbst wenn es gar keinen Klimawandel geben würde, wäre das wichtigste Mittel der Klimapolitik eines der effektivsten Mittel zur Armutsbekämpfung. Klimapolitik ist also auch ohne Klimawandel geboten, denn Armut zu bekämpfen ist eine Kernforderung der Moral. Da sind sie, die sprichwörtlichen zwei Fliegen, die nach einer Klappe schreien…

Ein weiteres gutes Mittel gegen den Klimawandel ist es, beim Bevölkerungswachstum auf die Bremse zu treten. Wenn in Zukunft weniger Menschen mit hohem Energieverbrauch leben, wird sich die Emissionsmenge verringern. Zudem wird unsere gesamte gegen die Grenzen des Planeten anstürmende

Wirtschaft beherrschbarer, wenn wir einen Deckel auf das Bevölkerungswachstum setzen können. D. h., insbesondere auch in den Industrienationen müsste das Wachstum der Bevölkerung abnehmen, denn diese Menschen verbrauchen wesentlich mehr Energie als die Menschen in den Entwicklungsländern. Man könnte z. B. staatliche Anreize gegen Kinderreichtum setzen und sich viele weitere Maßnahmen überlegen. Aber: Wie können unsere alternden Gesellschaften noch weniger Nachwuchs ertragen, dessen Verschwinden ökologisch gesehen prima ist? Das haben wir in Kapitel 11 besprochen.

Das Bevölkerungswachstum ist auch in den armen Ländern eines der größten Hemmnisse für die Armutsbekämpfung in Gegenwart und Zukunft. Kaum hat eine Volkswirtschaft mal etwas zustande gebracht, schon muss es durch so viele Münder geteilt werden, dass pro Kopf nichts mehr über bleibt. Wieder könnte man mit einer Maßnahme zum Klimaschutz zwei Fliegen mit einer Klappe schlagen und wieder gilt: Selbst ohne Klimawandel wäre es geboten, das Bevölkerungswachstum zu bremsen.

Und es gibt noch mehr dieser Maßnahmen mit »Doppelwirkung«: a) Etwa wenn man bedenkt, dass die Produktion von Tierfutter und die Tierhaltung die zweitgrößte Quelle für CO_2-Emissionen nach der Energieerzeugung ist, wie in Kapitel 14 schon ausgeführt. Fleisch verteuern schützt das Klima, wäre aber unabhängig davon auch geboten, um Armut zu verringern, Gesundheit zu fördern und Leid von Tieren abzubauen. b) Oder man kann darauf verweisen, dass ein Übergang zu erneuerbaren Energien aufgrund dessen, dass fossile Energien endlich sind, jedenfalls stattfinden muss.

Fazit: Klimapolitik sollte Doppelwirkungen nutzen. So könnte sie ein Erfolgsmodell werden, denn allein ihre Wirkungen auf Weltarmut etc. wären immens. Die Durchsetzung

einer solchen Politik soll dabei durch Zukunftsanwälte begünstigt werden (mehr dazu in Kapitel 15). Die richtige Politik bildet einen Zusammenhang, von einer Maßnahme wird
man zur nächsten geleitet, als gäbe es ihn doch, den göttli-
chen Plan, der alles mal ordentlich zusammengefügt hat...

18. KAPITEL
DÜRFEN WINDRÄDER INS NATURSCHUTZGEBIET?

Verspargelung oder Hoffnungsträger?

Windenergie erzeugt großen Widerstand. So wird vor Landschaftszerstörung (Verspargelung) und anderen Gefahren gewarnt.[93] Die Lufthoheit über den Stammtischen erreicht man so sicher. Immer wieder werden Windräder auf das Schärfste kritisiert, aber oft mit schlechten Argumenten. Nutzt diese Technik den Interessen der Menschen und Tiere oder schadet sie ihnen?

Ein Standardvorbehalt lautet, dass Windräder keinen nennenswerten Beitrag zur Energieversorgung leisten würden. Er verliert zunehmend an Boden, da die Anlagen riesige Effektivitätssprünge nach vorne machen und der Anteil der Stromerzeugung durch Wind ständig ansteigt. Eine wichtige Frage ist die Ökobilanz der Windräder angesichts des hohen Einsatzes von Stahl und Kupfer etc. beim Bau. (Gleichzeitig jubeln dieselben Kritiker, die diesen Einwand machen, über Arbeitsplätze in der Stahlindustrie, aber wie wir noch sehen werden, werden Menschen im Angesicht von Windrädern geradezu massenhaft schizophren. Diese Gefahr für die Gesundheit ist vielleicht der größte Einwand gegen die stählernen Riesen.) Dazu gibt es aber inzwischen viele Untersuchungen, die alle-

---

[93] https://jungefreiheit.de/politik/deutschland/2016/verspargelung-cdu-abgeordneter-sagt-windraedern-kampf-an/.

samt bescheinigen, dass die Ökobilanz von Windenergie um ein Vielfaches besser ist als die von fossilen Kraftwerken. Französische Forscher haben berechnet, dass wir noch genügend Rohstoffe haben, um die Energiewirtschaft auf erneuerbare Energien umzustellen.[94] Bemühungen, immer mehr alte Windräder zu recyceln, kommen hinzu. Man geht von 80 bis 90 Prozent Wiederverwertung aus und ist dabei, weitere Möglichkeiten zu erforschen.

Bei Kritikern gehen Schlagworte wie das vom sogenannten Infraschall umher, der für Krankheiten sorge. Aber viele Studien kommen zu dem Ergebnis: Eine objektive Schädigung ist nicht messbar. Hartmut Ising vom Berliner Zentrum für Public Health spricht von einem umgekehrten Placebo-Effekt: Nicht der Schall selber, sondern die Vorstellung davon, dass er schaden könne, schädige die Anwohner.[95] Das bestätigen australische Forscher.[96] Solche psychischen Belastungen sind keine Trivialität, und es gibt auch Indizien (meist Einzelfallberichte), die Gesundheitsgefahren durch Windräder nahelegen. Aber so verständlich die Probleme derer sind, die Windräder in ihrer Nachbarschaft fürchten oder die die Nation vor »Verspargelung« retten wollen: Verliert man bei dieser Diskussion nicht das Entscheidende aus dem Blick? Die konventionellen Energien (inklusive des finanzierbar abbaubaren Urans!) gehen irgendwann zu Ende. Daher sichern nur erneuerbare Energien die langfristige Energieversorgung, man müsste auf sie umstellen, selbst wenn es keinen Klimawandel gäbe. Und der Klimawandel galoppiert voran, täglich werden neue Erkenntnisse über das Tempo dieses Höllenritts gewonnen, der uns zur Eile zwingt. Wir müssen auf erneuerbare

---

[94] Vidal u. a. 2013.
[95] *Ärzte Zeitung* 09. 12. 2004.
[96] Crichton u. a. 2014.

Energie umstellen oder eben die ökologisch beste Lösung prak-
tizieren: Diese bestünde darin, Energie erst gar nicht zu verbrauchen. Windräder sind Teil der zweitbesten Lösung.

Angesichts dieser Bedrohung hat Deutschland mit der
Energiewende die Aufgabe übernommen, der Welt zu demonstrieren, dass eine alternative Energiepolitik möglich ist.
Andere Staaten werden nachziehen, wenn Deutschlands Beispiel überzeugt, ja einige Innovationen sind schon nachgeahmt worden (gerade das viel gehasste Erneuerbare-Ener-
gien-Gesetz als Förderungsinstrument wurde von mehr als
100 Ländern kopiert). Aber Deutschland leistet sich eine
typisch deutsche Debatte. Man will Vorreiter sein und es zugleich allen Kritikern recht machen, sodass wir jetzt schon
international hinterherhinken.

Schizophrene Logik

Dabei bedienen sich manche Gegner der Windräder einer falschen Argumentationsstrategie: Sie messen konsequent mit
zweierlei Maß. Dabei ist man logisch nur ein Held, falls man
zwei Sachverhalte gleich beurteilt, wenn man keinen relevanten Unterschied zwischen ihnen angeben kann. (Der fleißige
Leser ergänzt gleich: Universalisierungsprinzip!)

Beginnen wir beim Infraschall. Einmal gesetzt, dieser sei
wirklich schädlich für die Gesundheit. Unstrittig dürfte sein,
dass der Lärm, die Unfallgefahr und die Abgase etwa von
Hauptverkehrsstraßen eine vielfach höhere Gefahr ausmachen. Unfallgefahr und Strahlungsrisiken (Leukämie) durch
AKWs bestehen ebenfalls. Aber solche Bedrohungen werden
von Anwohnern häufig ohne Protest in Kauf genommen. Sie
werden als Preis einer mobilen modernen Welt und städti-
scher Lebenskultur angesehen und akzeptiert. Für Windräder

gilt aber nicht, dass sie als Preis der Energiewende in Kauf genommen werden. Viele messen mit zweierlei Maß, ohne anzugeben, warum Windkrafträder weniger notwendig als Hauptverkehrsstraßen sein sollen. Würde man das versuchen, könnte das ohne falsche Annahmen über den Klimawandel (»Gibt's nicht«) und über Windkrafträder (»Bringen's nicht«) kaum erreicht werden.

Weiter geht diese »Schizophrenie« mit den zahlreichen technischen Einwänden gegen die modernen Windmühlen, beispielsweise bezogen auf fehlende Energiespeicher und die Herausforderungen, welche die große Schwankung dieser Energie für die Versorgung darstellt. Nicht, dass das falsch wäre. Aber unsere Gesellschaft ist durch einen starken Glauben an die Technik geprägt. Wir trauen uns zu, Fusionsreaktoren zu bauen, und geben dafür Unsummen an Forschungsgeldern aus. Aber die vergleichsweise geringen technischen Probleme der Windenergie werden von vielen Kritikern als unlösbar dargestellt, obwohl sich die Effizienz der Anlagen in den letzten Jahren rasant gesteigert hat. Wer also ausgerechnet in puncto Windenergie dem technokratischen Glaubensbekenntnis abschwört, macht sich verdächtig, mit zweierlei Maß zu messen.

Diese windige Schizophrenie wird bei der Analyse der Unfallgefahren noch sichtbarer. Häufig berichtet die Presse über solche Bedrohungen durch Windräder. In der Tat können Eisstücke von Rotorblättern abbrechen oder auch die Rotorblätter selbst auf den Boden geschleudert werden und Menschen treffen. Aber auch hier muss mit einem einzigen Maß gemessen werden. Die Gefährlichkeit einer Anlage wird allgemein als das Produkt aus Unfallhäufigkeit und Folgenschwere des möglichen Unfalls berechnet. Nach diesem Maßstab ist die Windenergie bezogen auf die Megawattgröße der Stromerzeugung eine der ungefährlichsten Formen der Energiegewinnung überhaupt. Statt von dieser Tatsache liest man aber immer wieder von drohenden Unfällen mit Windrädern, wobei man offenbar höchst kreativ unter der Hand einen neuen Maßstab für Gefahren erfunden hat. Wieder ein Bruch des Universalisierungsprinzips.

Diesen Vorwurf muss man auch für den Hauptkritikpunkt der Windenergieskeptiker wiederholen, die Sache mit dem Spargel (Landschaftszerstörung). Gegen rund 200 000 landschaftszerstörende Strommasten protestiert kaum jemand, es sei denn, neue Masten werden für Windenergie gebaut, aber ungefähr 24 000 Windräder sollen unerträglich sein. Wiederum ein Messen mit zweierlei Maß – ein weiterer Bruch des Universalisierungsprinzips, falls nicht Gründe gegeben werden, die dies legitimieren. Das wird auch versucht, wobei aber oft nur zu Tage kommt, dass Windräder eben für weniger wichtig als Strommasten gehalten werden, was leider demonstriert, dass die Gefahren des Klimawandels noch nicht voll erkannt sind.

Die Argumentation der Kritiker überzeugt am ehesten, wenn direkte Anwohner großer Windparks sich belästigt fühlen. Dem muss verständnisvoll begegnet werden, etwa indem man vernünftige Mindestabstände von Windanlagen zu Wohngebieten festlegt. Aber es gilt generell: Unser Lebensstandard ist eben nicht zum Nulltarif zu haben. Keine Energiegewinnung bleibt ohne Nebenwirkungen, und diese sind bei der Windenergie vergleichsweise harmlos. Dem werden auch viele Nachbarn von Windparks zustimmen müssen, denn: Wer würde lieber neben einer Wüste aus dem Braunkohletagebau oder neben einem Atomkraftwerk als neben einem Windpark leben?

Das Schönheitsideal der Ästheten, die romantische Waldeinsamkeit mit Bach, Baum und Biene, liefert noch weniger Argumente gegen Windräder, wenn es um den Bau von Windparks auf See geht. Die sind von der Küste aus kaum noch mit dem Auge erkennbar, man kann sich nur mit Opernglas in die entsprechende Stimmung versetzen. Der Offshore-Ausbau wird derzeit durch vielfältige Auflagen verzögert. Unverantwortlich wäre es, diesen Ausbau so lange zu verzögern, bis all seine Folgen genau bekannt sind. Das ist hier ganz ähnlich wie bei dem schon angesprochenen Streit, ob der Biomasseanbau oder die Artenvielfalt Vorrang hat (Kapitel 6). Man kann auch nicht auf die komplette Erforschung aller Hamsterarten in einem Habitat warten, das eventuell geopfert werden muss. Solch vollständiges Wissen haben wir kaum und bei anderen Techniken hindert uns das auch nur selten an ihrer Umsetzung, etwa wenn es um Sendemasten für Handys geht. Der Mensch mischt sich derart massiv in die Umwelt ein, dass er jedenfalls mit immer neuen Risiken leben muss. Der Mensch kann diese Risiken nur zu verringern versuchen und bestimmte Techniken, die z. B. die ganze Menschheit gefährden, darf er normalerweise nicht riskieren. Bei solchen Techniken sehen nämlich Gewinn und Verlust auf der Interessenwaage so ungleich aus, dass man sie nicht wagen sollte. Aber man kann Techniken, die sich unterhalb dieses Risikolevels bewegen, auch nicht völlig erforschen, ehe man sie ausprobiert. Sonst müsste der Mensch sich auf eine Weise aus der Welt zurückziehen, die mit unserem modernen Lebensstil völlig unvereinbar und daher auch politisch undurchsetzbar ist.

Selbstverständlich sollte die Windenergie an Land und auf

See so schonend wie möglich ausgebaut werden, insbesondere damit sie in der Bevölkerung akzeptiert wird. Aber: Gute Folgen für den Klimaschutz und die langfristige Energieversorgung sind durch lokale Umweltbilanzen, bei denen die Windanlagen möglicherweise negativ zu Buche schlagen könnten, nur schwer aufzuwiegen. Die Energiewende sorgt für Konflikte zwischen Natur- und Klimaschutz. Dieselben Menschen, die einst in friedlichem Nebeneinander auf den Castor-Gleisen im regnerischen Wendland angekettet waren, bekriegen sich nun in Bürgerbewegungen für oder gegen Windräder, für oder gegen Pumpspeicherkraftwerke, für oder gegen Strommasten. Soll man die besten Standorte für Windkraft ungenutzt lassen, weil dort z.B. Rote Milane nisten? Erinnern wir uns an das Fazit aus Kapitel 6: Artenschutz ist nicht an sich wertvoll, es müssen jeweils die Interessen der Betroffenen abgewogen werden und das macht es schwer für die Milane an günstigen Windkraftstandorten.

Fazit: Unbestritten bleibt, dass bei der Platzierung von Windparks auf Belange des Naturschutzes, der Anwohner und der Ästhetik Rücksicht genommen werden sollte, soweit es möglich ist. Ebenso ist gerade bei Offshore-Windenergie deren Wirtschaftlichkeit ein großes Thema. *Aber der energische Ausbau der Windenergie darf nur durch begründbare und nicht durch schizophrene Argumente infrage gestellt werden.*

19. KAPITEL

DIE BEERDIGUNG DES KLIMAPROBLEMS – CCS, DAS DEN STAAT NICHTS KOSTET

Eine Technik vom Teufel?

Nachdem die Klimakonferenz von Paris mit unrealistischen und unzureichenden Selbstverpflichtungen zu Ende gegangen ist, fragt man sich, ob es nicht einen Klimaschutz gibt, bei dem man nicht darauf warten muss, dass die Irrfahrt der globalen Verhandlungen ans Ziel gelangt.

Es gibt solche Wege, wie der Oxforder Klimaexperte Myles Allen beständig predigt. Das Zauberwort ist »Carbon Capture and Storage« (CCS). Ja genau, die Technik, die eigentlich längst ad acta gelegt wurde. Inzwischen gibt es in Europa keine Versuchsanlage mehr, da der CO_2-Preis im Emissionshandel eingebrochen ist. CCS ist der Versuch, CO_2 bei der Verbrennung von fossilen Brennstoffen abzuscheiden und im Boden zu beerdigen, z. B. dort, wo sich ehemals das längst verjubelte Öl oder Gas befanden. Die Hoffnung ist, die Klimaerwärmung damit gleich mit zu beerdigen. Das klingt zu schön, um wahr zu sein, und in der Tat, die Einwände sind zahlreich:

Das Verfahren sei technisch nicht ausgefeilt, es erreiche nur CO_2, das Großkraftwerke ausstoßen (bis zu 50 Prozent des Gesamtausstoßes). Es sei viel zu teuer und durch eine Verschlechterung des Wirkungsgrads der Kraftwerke müssten viel mehr knappe Ressourcen verbrannt werden, um die gleiche Energiemenge zu produzieren. CCS sei zudem gefährlich, denn wenn CO_2 etwa mithilfe von Erdbeben wiederauferstehe, die durch das Verpressen entstehen, wirke es erstens wieder negativ auf das Klima ein (außer Spesen wäre dann nichts gewesen) und zweitens könnten Anwohner dieser Himmelfahrt vergiftet werden.

So weit so einsichtig. Aber trotzdem gibt es glühende Befürworter wie eben Myles Allen,[97] welcher der Debatte eine rasante Wende gibt, indem er argumentiert:

1. Die CO_2-Emissionen müssen gesenkt werden. Politisch ist das kaum durchsetzbar, solange wir noch große Vorräte billiger fossiler Brennstoffe haben (etwa 3,5 Trillionen Tonnen). Selbst wenn einige Länder erneuerbare Energien einführen, ändert das nichts daran, dass andere Länder die dadurch billigen fossilen Brennstoffe dann an ihrer Stelle verbrennen. Das wird so lange der Fall sein, wie ein globales Abkommen fehlt, das den globalen CO_2-Emissionen einen Deckel aufsetzt. Und dass das klappt, ist derzeit unwahrscheinlich, nicht zuletzt da wir im Zeitalter des »postfaktischen Trumpismus« (vgl. Kapitel 16) leben. Nennen wir das die Dreckspatzennotwendigkeit: Wir müssen damit leben, dass weiter fossile Brennstoffe verbrannt werden.

2. Wenn man CCS für jedes Unternehmen, das fossile Brennstoffe fördert, verbindlich macht, wenn man also funktionierendes CCS mit der Existenz der Öl-, Kohle- und Gasbranche verknüpft, wird diese Technik schnell kostengünstig verfügbar sein. Allen wird nicht müde, bei jedem Vortrag seine Pension darauf zu verwetten: Wenn die großen Konzerne zu CCS gezwungen werden, schaffen ihre brillanten Ingenieure das! Wenn man CCS erzwinge, werde

---

[97] http://www.dailymail.co.uk/news/article-2331057/Why-I-think-wasting-billions-global-warming-British-climate-scientist.html.

die Technik nicht nur in Laboren erforscht, sondern in der Breite eingesetzt. Erst das schaffe technische und ökonomische Durchbrüche. Diese »Skaleneffekte« konnten wir beobachten, als die erneuerbaren Energien eingeführt wurden. Sie wurden auch erst durch Massenproduktion billig. So weit der Teil der Argumentation, der unter dem Titel: »Großer Ingenieur, wir loben dich« firmieren könnte.

3. Damit der CCS-Zwang die Unternehmen nicht sofort ruiniert, wäre es angebracht, die zu speichernden Mengen nur langsam zu steigern: Erst muss nur 1 Prozent einer bestimmten Fördermenge gespeichert werden. Diese Zahl wächst dann kontinuierlich und berechenbar.

4. Gefahren mag es durch die neue Technik geben, allerdings sind diese verglichen mit denen des Klimawandels so gering, dass man die Risiken im Vergleich rechtfertigen kann. Die Rechnung funktioniert aufgrund der unpopulären Einheit »Nettotote pro Jahr«. Dass unterirdische Speicher dicht sein können, wissen wir, da wir häufig bei der Gas- und Ölförderung auf dichte natürliche Speicher stoßen.

5. So etwas politisch umzusetzen scheint vergleichsweise einfach zu sein: Ein neues Gesetz einiger Regierungen, das regelt, wie Förderlizenzen vergeben werden, reicht aus. Internationale Verhandlungen und Konsense, die eh nicht zustande kommen, sind unnötig. Bei Konzernen sollte dieses Vorgehen nicht auf allzu viel Widerstand stoßen. Das zeigt das Beispiel des Gorgon-Gas-Projekts in Australien. Dort war eine bestimmte CCS-Quote eine Auflage für die Fördergenehmigung, und Chevron und andere Konzerne haben das Projekt gleichwohl realisiert. Es rechnete sich also noch. Dass dieser Vorschlag schon in einem Einzelfall umgesetzt wurde, belegt, dass er umgesetzt werden kann.

6. Wird das nicht teuer für die Konsumenten? Nur für die von fossiler Energie, weshalb weiter viele Kunden auf er-

neuerbare Energien ausweichen werden. Die Nachfrage nach fossilen Brennstoffen wird so gesenkt. Ein erwünschter Effekt.

So weit Allen. Er hält seinen radikalen Ansatz für »die« Lösung des Klimaproblems. Hat er recht?

Wenn CCS fehlschlägt, ist das eingesetzte Geld verloren. Erneuerbare Energien zu installieren ist hingegen auch ohne Klimawandel sinnvoll, auch da gibt's zwei Fliegen mit einer Klappe und die sollte ein Utilitarist zu erwischen versuchen. Denn auf diese Art und Weise kann die Energieversorgung sichergestellt werden, wenn die fossilen Brennstoffe aufgebraucht sind, und das sind sie irgendwann sowieso, weshalb wir über kurz oder lang auf jeden Fall umstellen müssen. Allerdings muss man, während der Utilitarist mit der Fliegenklatsche durch die Küche jagt, um die beiden Fliegen zu erwischen, festhalten: Das Geld für CCS stammt hier nicht vom Steuerzahler, sondern von Konzernen. Das finanzielle Risiko tragen sie allein.

Ihre Macht wird jedoch durch diese Politik verfestigt, sofern CCS gelingt, allerdings führt dauerhaft sowieso kein Weg an erneuerbaren Energien vorbei. Damit sind dezentrale Wege verbunden, Energie zu erzeugen, die per se nicht konzernfreundlich sind. Fossile Brennstoffe sind endlich, und CCS erfasst sowieso nur bis zu 50 Prozent der Emissionen. Daher sind und waren Investitionen in die Entwicklung und Installation der erneuerbaren Energien richtig. Die staatliche Energiepolitik braucht sich nicht zu ändern, wenn man CCS erzwingt. CCS ist nicht »die Lösung«, aber kann einen beachtlichen Beitrag leisten. Der ist begrenzt, zumal auch ein Risiko besteht, dass die Technik scheitert, denn auch CCS ist ein ungedeckter Scheck über ein zukünftiges technisches Wunder (das kennen wir aus Kapitel 15).

Fazit: Auf diese Art und Weise wäre es also möglich, den Klimawandel von zwei Seiten her in die Mangel zu nehmen. CCS zu erforschen und marktfähig zu machen wäre nicht mehr Sache von Staaten und Steuerzahlern, sondern müsste von der Industrie geschultert werden. Damit ist der gesamte Sektor der Kosten und Effizienz als Gegenargument brachgelegt: Wenn die Industrie sich auf das Spiel einlässt, wie sie es in Australien beim Gorgon-Gas-Projekt getan hat, sind diese Probleme nicht mehr die der Bürger. Allein die Sicherheitsbedenken bleiben. Aber wenn man ordnungspolitisch hohe Sicherheitsstandards vorgibt und CCS nicht in bevölkerungsreichen Gegenden einsetzt, wäre auch dies kontrollierbar, zumindest wenn man sich klarmacht, welche Schäden vermieden werden könnten, die durch einen ungebremsten Klimawandel drohen.

Man sollte allerdings nicht wie Allen auf den Erfolg dieser Technik wetten (dazu sollten uns unsere Pensionen und Renten zu lieb sein!), sondern das ganze als Parallelstrategie anlegen: *Wenn es klappt, prima, wenn nicht, ist das Sache der Konzerne.* D. h. also, auch die Häufigkeit, mit der Kohlekraftwerke etc. genehmigt werden, sollte sich deshalb nicht ändern, zumindest solange CCS nicht nachweislich erfolgreich ist. Der Staat baut nicht auf technische Wunder, die sind allein das Problem der brillanten Ingenieure der Energiekonzerne. Aber der Staat schließt solche Wunder auch nicht aus und setzt Anreize für ihr Gelingen. So eine Politik kann eigentlich nur gewinnen…

VI. Erstaunliche Konsequenzen der Interessenethik: Medizinethik

20. KAPITEL
WÄRE ES SCHLIMM, EIN KLON ZU SEIN?

Leben als Einsteins Zwilling?

Niels ist erfolgreicher Physiker. Er hat seinen Beruf aus Leidenschaft gewählt und lebt für die Wissenschaft. Doch eines Tages entdeckt er im Nachlass seiner Mutter auf einem dunklen Dachboden während eines tosenden Gewitters kurz vor Mitternacht ein Dokument: Er wurde nicht auf natürlichem Weg gezeugt. Einer Eizelle seiner Mutter war der Zellkern entfernt und ein fremder Zellkern eingesetzt worden. Dieser fremde Zellkern stammt aus einem Haar Albert Einsteins. Niels ist ein Klon und Einsteins genetischer Zwilling.

Das ist offenbar weniger schön. Muss sich Niels nun um sich selbst betrogen fühlen? Er erkennt, dass mit seiner Erzeugung Zwecke verfolgt wurden. Er sollte ein großer Physiker werden und könnte annehmen, es nur deshalb gern geworden zu sein, weil seine Begabung vorbestimmt wurde. Er könnte sich als individualitätslose Kopie fühlen. Besteht die Gefahr, dass seine Entwicklung fortan durch Vergleiche mit dem »Original« behindert wird? Und: Was ist bei Niels anders als bei Chris? Chris ist Unternehmer. Er führt mit Erfolg die Firma seiner Mutter. Eigentlich wäre er lieber Lehrer geworden, doch seine Eltern hatten diesen Wunsch nicht akzeptiert. Als seine Mutter ihm eines Sonntags bei einer gemütlichen Tasse Kaffee eröffnet, dass er nur gezeugt wurde, um einmal die Firma zu übernehmen, erkennt Chris, wie sehr seine Biografie vorbestimmt wurde. Ist das nun nicht auch weniger schön?

Ist ein Klon kein »ungeteilter Autor« seines Lebens?

Jürgen Habermas meint, dass Niels sich nicht als der »ungeteilte Autor seines eigenen Lebens« verstehen könne.[98] Aber kann Chris sich als solcher verstehen? Was die Erziehung angeht, habe Chris nach Habermas eine Chance, sich »davon zu befreien«, da sich selbst Neurosen durch Psychoanalyse auflösen ließen. Ein solches »Nein« zur eigenen Vorgeschichte ist für Habermas bei den für ihn unwiderruflichen genetischen Prägungen in ähnlicher Weise nicht möglich. Deshalb ist Klonen falsch.

Kann ein natürlich Gezeugter in der Situation von Chris die Uhr zurückdrehen und alle Prägungen auflösen, während ein Klon das nicht könnte? Genetische Prägungen fixieren den Klon so weit wie jeden Menschen. Man schätzt, dass etwa

---

[98] Habermas 2002, 132.

50 Prozent der menschlichen Eigenschaften auf Gene zurückgehen. Also kann der Klon maximal den Teil der Uhr zurückdrehen, der nicht von Genen abhängig ist. Und Niels könnte Folgendes glauben: etwa 50 Prozent meiner Eigenschaften gehen auf das Konto der Gene, unabhängig davon, ob das natürliche oder ausgewählte Gene sind. Auch zu den natürlichen Genen hätte ich nie »Nein« sagen können, auch als natürlich Gezeugter hätte ich maximal 50 Prozent der Uhr zurückstellen können. Warum sollte ich also stärker genetisch programmiert sein als Chris, der Naturbursche? Dass man sich durch Psychoanalyse von allen Einflüssen der Erziehung befreien kann, ist außerdem nicht plausibel. Allein schon deshalb nicht, weil nun einmal ein bestimmter Bildungsweg eingeschlagen wurde und eine bestimmte Förderung von Talenten stattgefunden hat oder nicht. Das kann man zwar später zu kompensieren versuchen, aber das gelingt nicht vollständig: Wer nicht als Kind lernt, Geige zu spielen, hat die Chance vertan, ein großer Virtuose zu werden. Auch noch so viele Gespräche auf dem Sofa machen die Finger des Erwachsenen nicht schneller. Das heißt, auch die hinterhältige Prägung (etwa seine Ausbildung zum Kaufmann), die Chris von seinen Eltern erhalten hat, kann er höchstens zu einem Teil ablegen. Physiker wird er nie mehr werden können. Beide – Niels und Chris – können die von den Eltern bewusst verstellten Weichen nicht völlig zurückstellen. Weshalb sollte Niels verboten werden, wenn Kinder wie Chris Normalität sind? Die Folgen scheinen ähnlich zu sein. Warum wäre es also schlimmer, als Klon auf die Welt zu kommen, als als normaler Mensch manipuliert zu werden?

Aber wäre nicht doch ein Minderwertigkeitsgefühl bei Niels zu befürchten, das er gegenüber den natürlich gezeugten Menschen empfindet? Dass man sich mies fühlt in seiner Haut, kann man nie ausschließen, aber vernünftige Gründe dafür gäbe es in diesem Fall wohl wenige. Wenn Niels sich fragt, ob er eine ebenbürtige Person und ein vollwertiges Mitglied der Gemeinschaft ist, dann sollte ihm einfallen, dass er Interessen hat und diese durch selbstbewusstes, rationales und emotionales Handeln verwirklichen kann. Das zählt für den Interessenethiker, und keine dieser Eigenschaften wurde Niels durch das Klonen genommen. Solange jedoch Gesundheitsschäden wie beim Klonschaf Dolly[99] zu erwarten sind, ist Klonen von Menschen keine Option, die Technik müsste verbessert werden.

Aber könnte Niels nicht bei dem Gedanken unwohl sein, dass manche »seiner« Wünsche ursprünglich die seiner Eltern waren? Aber dann müsste Chris auch meinen, »seine« Wünsche seien manchmal nicht seine eigenen, sondern Produkte des natürlichen genetischen Zufalls. Wenn wir die fragwürdige Unterscheidung zwischen »uns« und »unseren Genen« treffen wollen, dann müssen wir das konsequent tun.

Der Physiker könnte sich trotzdem als individualitätslose Kopie betrachten. Aber warum sollte er das? Als Klon ist er nichts anderes als ein eineiiger Zwilling von Einstein. Aber »natürliche Klone«, also Zwillinge, haben selbstverständlich völlig eigenständige Persönlichkeiten. Und wenn sich Niels häufig mit Einstein vergleichen würde, dann wäre das dasselbe, als wenn er sich mit einem berühmten Zwilling vergleichen würde. Diese Situation ist keineswegs so unüblich, dass man sie besonders kritisch sehen müsste, wahrscheinlich fühlte sich Niels in erster Linie vor allem geschmeichelt. Bedenken bezüglich einer vorprogrammierten Zukunft hängen offenbar an dem Irrglauben, dass Gene den Menschen vollständig festlegen. Nach Hans Jonas, Philosoph und ein bekannter Kritiker des Klonens, ist es genau dieser verbreitete

---

[99] Ach et al. 1998.

Irrglaube, der dem Klon Probleme bereiten könnte: Psychischer Schaden sei dann zu befürchten, wenn der Klon und seine Umwelt glaubten, durch das Klonen sei die Persönlichkeit festgelegt. Jonas fordert, das Klonen von Menschen zu verbieten, um diesen Glauben nicht entstehen zu lassen. Man könnte allerdings erwidern, die Menschen müssten nur besser aufgeklärt werden, um diesem Irrglauben als solchen die Grundlage zu entziehen. Ansonsten wäre da noch manch anderer quälender Irrglauben zu verbieten, etwa der an Schuld und Sünde.

Gründe gegen das Klonen von Menschen

Hätten Klone also im Vergleich mit normal gezeugten Menschen besondere psychische Lasten zu tragen? Antwort: Eher nicht. Daneben bestehen andere ungeklärte Einwände, etwa der, den Klonschaf Dolly aufwirft, dessen Gesundheit und Lebenserwartung offensichtlich nicht denen eines normalen Schafs entsprachen: Wäre die Gesundheit von Klonen zu stark gefährdet? Oder: Wozu überhaupt Klonen, wenn die Lehre, dass Gene den Menschen festlegen (genetischer Determinismus) falsch ist? Dann wird man nämlich nie die gleichen Persönlichkeiten wie die der DNA-Spender erzeugen, denn die bestehen ja in viel mehr als ihren Genen, z.B. in Prägungen durch die Umwelt wie etwa bestimmten Erinnerungen.

Die beiden zuletzt genannten Probleme machen das Klonen von Menschen (reproduktives Klonen) denkbar unattraktiv. Aber wenn wir nur die Frage der psychischen Lasten betrachten, dann kann man kein absolutes Tabu gegen das Klonen daraus ableiten.

Fazit: Es muss nicht schlimm sein, ein Klon zu sein. Wenn man brav die Folgen analysiert, dann ist das Klonen von Menschen keine Horrorvision, sondern eher eine überflüssige Spielerei, ganz wie die obige Erdbeertorte aus Schweden (saftig und lecker anzutreffen in Kapitel 13). Die aufgeheizte öffentliche Debatte über Klone und die schnell etablierte Political Correctness, das Klonen auf jeden Fall abzulehnen, kann man nicht nachvollziehen, wenn man das Problem aus dem unromantischen Blickwinkel einer Interessenethik betrachtet.

21. KAPITEL
UNSTERBLICHKEIT? WARUM ES REIZVOLL SEIN KÖNNTE, ÄLTER ALS METHUSALEM ZU WERDEN

Wen lädt man zum 200sten Geburtstag ein?

Eine Sensation könnte sich in den Laboratorien der Welt anbahnen. Man arbeitet daran, nicht nur die durchschnittliche, sondern auch die maximale Lebenserwartung des Menschen zu verlängern. Würmer können mit einer Genveränderung die sechsfache Lebenslänge erreichen. Nun gibt es zwischen Würmern und Menschen einige, wenngleich ansonsten nebensächliche Unterschiede. Aber auch bei Mäusen ist es bereits gelungen, die maximale Lebensspanne mithilfe einer Kombination aus Genveränderungen und Ernährungsumstellung um 75 Prozent zu steigern. Und selbst hungernde Affen werden deutlich älter als sonst. Wenn diese Effekte sich auch nur zu einem kleinen Teil beim Menschen einstellen würden, käme das einer Sensation gleich. Was wäre, wenn wir bis zu 200 Jahre alt werden könnten? Dürfen wir eine solche Forschung überhaupt betreiben und eine so veränderte Gesellschaft auf die Welt bringen?

Dabei ist es auch wichtig zu diskutieren, ab wann diese Technik eingeführt werden sollte, wenn sie denn verfügbar ist. Man kann erwarten, dass sich auf dem langen Weg vom Wurm bis zum Menschen noch einiges tun muss, damit die Sache spruchreif wird. Das heißt, es wird noch Zeit ins Land gehen, ehe wir diese Techniken einsetzen können. Und das ist auch gut so, denn derzeit passen sie nicht in die Weltsituation. Aus ökologischen Gründen sollte die Weltbevölkerung bzw. deren Zunahme schnell sinken. Anti-Aging verstopft allerdings den Abfluss in der Badewanne der Menschheit. Das passt nicht recht zusammen. Aber spekulieren wir ein wenig über Anti-Aging in 50 Jahren bzw. über den Sinn von heutiger Forschung daran. In 50 Jahren sollten wir die größten Wachstumsprobleme hinter uns haben.

Bauen wir uns einen Frankenstein?

Viele von uns empfinden hier ein großes Unbehagen, ja einige Ethiker halten solche Forschungen für unmoralisch. So bezeichnet der amerikanische Ethiker Leon Kass die Anti-Aging-Forschung als eine »Deklaration gegen den Tod als solchen« und predigt: »Kinder und ihre Erziehung, nicht Wachstumshormone und fortwährendes Ersetzen von Organen, sind die Antwort des Lebens – und der Weisheit – auf die Sterblichkeit.«[100]

Leon Kass steht hier unter dem Verdacht, einen Sein-Sollen-Fehlschluss zu begehen. Er schließt von Fakten, einem »Sein« (dem Leben) auf ein »Sollen« (keine Hormone). David Hume hat darauf aufmerksam gemacht, dass man in der Schlussfolgerung eines Schlusses keine Ausdrücke (»soll«) finden darf, die in den Vorrausetzungen der Schlussfolgerung nicht erwähnt wurden (die handeln hier nur vom »Sein«).

Wird aber von den Forschern nicht nur der alte Traum von der Unsterblichkeit gepflegt, die uns Menschen seit jeher zugleich als Verlockung sowie als Bedrohung erscheint. Im medizinischen Kontext befinden wir uns gedanklich sofort in

---

[100]   Kass 2001, 24.

dunklen Laboren, in denen die Natur vergewaltigt und Frankensteins Monster von der Leinwand ins Leben geholt werden soll. Wer jedoch daran denkt, wie erheblich sich die durchschnittliche Lebenserwartung in den letzten hundert Jahren bei uns erhöht hat, und wer das gut findet, der kann die Anti-Aging-Forschung im Grunde als Fortsetzung dieses Weges begrüßen.

Was sagt uns unser Verstand? Es ist jedenfalls unsinnig, eine Debatte um Unsterblichkeit zu führen. Denn die schlechte Nachricht lautet: Wir können auch noch sterben, wenn der Mechanismus des Alterns komplett gestoppt werden würde. Dann würde zwar niemand mehr an den Folgen des Alters selbst sterben, aber die Menschen blieben sterblich, d.h. könnten durch Krankheiten, durch Hungersnöte, Naturkatastrophen, verschluckte Hühnerknochen und Kriege getötet werden. Über kurz oder lang würden sie diesen Faktoren zum Opfer fallen. Um also ewig zu leben, ist viel mehr nötig als ein Alterungsstopp. Wie sähen die Folgen einer deutlich erhöhten Lebenserwartung aus?

Wie sich Methusalems ältere Schwester fühlen könnte

Ein unsterblicher Mensch könnte sich möglicherweise unendlich langweilen. Er könnte apathisch werden und jede Tätigkeit mit einem »Könnte ich auch morgen noch erledigen« vertagen. Nur wenige würden so kreativ mit der Situation umgehen wie die von Douglas Adams in seinem Roman *Per Anhalter durch die Galaxis*[101] vorgestellte Figur Bowerick Wowbagger (ungewollt durch einen unglücklichen Unfall unsterblich gemacht), der einen guten Plan für den Umgang mit

---

[101] Adams 2009.

der Langeweile entwickelt hat: Er wird jedes Lebewesen im Universum persönlich beleidigen, und zwar in alphabetischer Reihenfolge...[102]

Jemand jedoch, der nur erheblich älter als bisher bekannt wird, hat nach wie vor eine zeitliche Grenze seines Lebens vor Augen. Zudem könnte er individuell nie wissen, ob er überhaupt ein gesegnetes Alter erreicht. Er könnte beispielsweise zuvor über den besagten Hühnerknochen stolpern und ihn dann in einem Akt ungewollter Akrobatik verschlucken. Man erreicht nur das sicher, was man augenblicklich tut, cave Hühnerknochen! Und wenn jemand tatsächlich große Langeweile empfinden würde, könnte er selbst einen Schlussstrich unter sein Leben ziehen. Niemand wäre gezwungen, älter als Methusalem zu werden. Wäre es daher nicht sinnvoll, eine solche Chance zu eröffnen, anstatt die Anti-Aging-Forschung gleich zu verdammen?

Ob das verlängerte Leben für den Einzelnen ein Gewinn wäre, dürfte davon abhängen, unter welchen Bedingungen es zu erreichen ist. Gebrechlichkeit und Demenz zu verlängern wäre sicherlich nicht sonderlich verlockend. Wie wäre es aber, wenn die Alten geistig und körperlich fit blieben? Hundertfünfzigjährige Bungee-Springer sind unsere Klientel. Was passiert, wenn ältere Leute nicht häufiger als andere dement, unflexibel und weniger lernfähig wären? Der britische Altersforscher David Gems vermutet, dass es einen biologisch programmierten Rollenwechsel im Leben des Menschen gibt. Dies führe dazu, dass alte Menschen eine konservative, innovationsfeindliche Rolle einnehmen, landläufig als Altersstarrsinn bekannt. Dann überlegt er weiter, dass es vielleicht am Wünschenswertesten wäre, wenn man die neurobiologische Grundlage dieses Rollenwechsels manipulieren könnte. Dann

---

[102] Den Hinweis darauf verdanke ich Marcel Mertz.

könnte man sich aussuchen, in welchem geistigen Alter (dem von 20 oder 40 oder 60 Jahren) man eine Phase seines Lebens verbringen möchte.[103]

Eine Gesellschaft voller Greise

Wäre das technisch möglich, wäre vielen der häufig an die Wand gemalten Schreckgespenster über die individuellen und sozialen Folgen eines verlängerten Lebens die Grundlage entzogen. Weder würden lebensmüde Individuen noch verkrustete und unkreative Gesellschaften notwendig auf den Plan treten. Und wenn man im hohen Alter immer noch arbeiten und sich sogar vielleicht noch fortpflanzen könnte, wären auch keine Gesellschaften ohne Nachwuchs und keine unbezahlbaren Rentnerheere zu befürchten. Ebenso wäre das von dem amerikanischen Bestsellerautor Francis Fukuyama vorhergeahnte »nationale Pflegeheim« nicht zu erwarten.[104]

Ja, man kann sich sogar einen Beitrag zur Lösung derzeitiger und tendenziell auch zukünftiger sozialer Probleme unserer Gesellschaft erhoffen: In Zeiten mit wenig Nachwuchs kann die Renten- und auch die Krankenkasse besser gefüllt werden, wenn die Lebensarbeitszeit länger wird. Das Problem der Zukunft in den Industrieländern sind wahrscheinlich nicht zu viele, sondern zu wenige Arbeitskräfte (ausführlich dazu in Kapitel 11). Daher könnte Anti-Aging sogar für viele gesellschaftliche Probleme eine Lösung bedeuten, wenn sich die Lebensarbeitszeit erhöht und so die Zahl der in die Kassen Einzahlenden groß bleibt. Ob das unseren favorisierten Lösungsansatz, dieses Problemfeld über Zuwanderung anzu-

---

[103] Gems 2003.
[104] Fukuyama 2004, vgl. auch Overall 2003.

gehen (vgl. Kapitel 11 und 12), in 50 Jahren ergänzen oder beinträchtigen würde, wäre im Auge zu behalten. Hier weiß man zu wenig darüber, wie die Welt in 50 Jahren aussieht.

Müsste jedoch nicht zumindest in geburtenstarken Ländern eine Geburtenkontrolle eingeführt werden? Auch dazu weiß man zu wenig über die Welt der Zukunft, aber: Die Welt kann auch dann nicht beliebig viele Menschen beherbergen, ohne Abfluss läuft die Wanne über, was schon immer unerfreulich endete. Vielleicht müsste das individuelle Recht auf freie Fortpflanzung entweder aufgehoben oder durch finanzielle Belastungen bei Kinderreichtum eingeschränkt werden. Um es gleich vorweg zu sagen: Das Recht auf Fortpflanzung sollte nicht aufgehoben werden. Freiheitsrechte sichern Glück und Wohlstand der modernen Gesellschaften, die völlig umgebaut werden müssten, wenn in Zukunft der Staat die intimen Bereiche der Familie regieren soll. Das ist mit dem liberalen demokratischen Rechtsstaat nicht vereinbar. Gleichwohl kann gelten, dass Eltern ab einer gewissen Kinderzahl oder eben ab einem bestimmten Alter finanzielle Nachteile in Kauf nehmen müssen (das ist de facto in den letzten Jahrzehnten schon so gewesen). Es gilt, in der Zukunft einen Kompromiss zwischen Jungen und Alten zu finden. Der könnte eventuell so aussehen, dass nicht alles getan wird, um das Alter jedes Menschen maximal zu erhöhen, um so jedem jungen Menschen zu ermöglichen, Kinder zu haben. Reicht es in manchen Zeiten nicht, das Leben aller Alten auf maximal 120 Jahre zu verlängern und dann den Dingen ihren Lauf zu lassen, auch wenn 200 Jahre möglich wären? Der sich abzeichnende Generationenkonflikt ist nicht trivial und ein Kompromiss nicht leicht zu finden. Etwas bislang unserer Kontrolle Enthobenes würde auf zu verantwortende Entscheidungen zurückführbar werden. Aber das passiert uns laufend in der technisierten Lebenswelt, und meist sind verantwortliche Entscheidungen besser als bloßer Zufall. Wenn Anti-Aging auf Vorbehalte stößt, sind sie an diesem Punkt jedoch am ehesten zu rechtfertigen.

Wer wird sich Anti-Aging-Mittel leisten können? Wird ein langes Leben ein neuer Ferrari für Reiche werden? Wenn die Menschen beim Zugang zu diesen Techniken drastisch ungleich behandelt werden, dürfte das zudem den sozialen Frieden gefährden (Überlegungen zu diesem Thema in Kapitel 9). Das Bewusstsein, bald sterben zu müssen, obwohl dies noch lange nicht notwendig wäre, würde viele Menschen in Aufruhr versetzen. Wenn man sein Leben auf 120 Jahre verlängern könnte und dennoch unverbessert im Alter von 75 Jahren sterben muss, fühlt man sich dabei suboptimal. Dieser frühe Tod wird als viel gravierender empfunden, als wenn man ohne die Option, länger zu leben, mit 75 gestorben wäre. In diesem Fall hätte man diesen Tod viel eher akzeptiert, er wäre als unvermeidlich empfunden worden.

Genauso wie man im Gesundheitssystem keine riesigen Klassenunterschiede schaffen sollte, wären die auch im Hinblick auf eine drastisch gesteigerte Lebenserwartung gemein. Und ein Staat, der will, dass es seinen Bürgern möglichst gut geht, sollte auch aus anderen Gründen als dem der sozialen Gerechtigkeit versuchen, in diesen Bereich zu investieren. Mehr Gesundheit, weniger Gebrechlichkeit, weniger Altersstarrsinn versprechen, das Glück der einzelnen Bürger besonders gut zu steigern. Die Kosten könnten eventuell durch die positiven Folgen für die Sozialversicherungssysteme verringert werden. Zudem wäre eine Unterstützung armer Staaten sinnvoll, damit alle sozialen Schichten aller Länder diese Option erhalten.

Jedenfalls kann man sich auch ausmalen, dass ein Leben von 200 Jahren erfüllt wäre. Man könnte seine Pläne anspruchsvoller machen, zum Beispiel erst Fleischer, dann Pfarrer und dann Künstler werden und zwar nach einem Gesamtplan geordnet. So könnte man Grenzen und Chancen seines Selbst viel systematischer als bislang erkunden. Verpasste Chancen könnten vielleicht später noch genutzt und die sozialen Nachteile, z. B. talentierter, aber arm geborener Menschen, auf lange Sicht immer besser ausgeglichen werden. Das ganze Leben würde einige Freiheitsgrade mehr gewinnen, da viele Zwänge wegfallen würden, die sich aus den engen zeitlichen Grenzen des Lebens ergeben.

Aber ist mehr Zeit vielleicht gar nicht erstrebenswert, weil es den Menschen mit diesem Manöver eigentlich nur um eine Verdrängung des fiesen Todes geht? Nach 200 Jahren Lebenszeit wäre es vielleicht auch nicht genug, die Menschen würden wie die Kinder auf der Kirmes die Achterbahnfahrt immer wieder verlängern wollen. Dieselben Probleme wie heute würden sich immer wiederholen, solange der Tod unser Los bliebe. Es komme darauf an, genügend Zeit für ein gelingendes Leben zu haben, und dazu reiche das heute durchschnittliche Lebensalter vollauf – so ein möglicher Einwand. Aber der muss nicht richtig sein. Offenbar wird die Zeit, die ein gelungenes Leben dauert, zu verschiedenen Zeiten und von verschiedenen Menschen unterschiedlich eingeschätzt. Die durchschnittliche Lebenserwartung von 55 Jahren hätte uns vielleicht vor ein paar Hundert Jahren für ein gelungenes Leben ausgereicht, heute halten wir sie etwa in manchen Entwicklungsländern für skandalös. Wäre es nicht schick, wenn der Einzelne selbst bestimmen könnte, wie viel Zeit er für das

Gelingen seines Lebens haben will? Kaum jemand müsste dann noch jammern, dass er seine Chancen im Leben nicht nutzen konnte und so ein Leben führen musste, das er für verschwendet hält. Man denke nur an den Firmenerben Chris aus Kapitel 20, der sich in jungen Jahren nicht genügend von seinen Eltern emanzipieren konnte, um deren Wunsch abzulehnen, in ihre Fußstapfen zu treten. Später merkt er dann, dass er seine eigentliche Neigung zur Kunst nie ausgelebt hat, aber nun ist es zu spät. Könnte er drei Berufe durchlaufen, hätte er eine zweite und dritte Chance, sich zu verwirklichen.

Fazit: Bislang ist es noch Science-Fiction, geistiges und körperliches Altern zu entkoppeln, und erst dann wird Anti-Aging wirklich attraktiv. Aber es ist sicher auch eine Überreaktion, die Forschung an der Verlängerung des Lebens gleich in Grund und Boden zu kritisieren und mit Frankensteinprojekten zu vergleichen. Hier stört es viele, wenn der Mensch Gott spielt, aber das tut er schon eine ganze Weile. *Methusalems ältere Schwester aus dem Labor wäre kein Geschwisterchen von Frankensteins Monster,* das muss weiter alleine über den Bildschirm wanken. Das lehrt uns die Analyse der Folgen von Anti-Aging. Erneut erweist sich die öffentliche Debatte als überhitzt und als teilweise abwegig, wenn man den nüchternen Blick, den die Interessenethik auf sie wirft, für richtig hält.

Glossar

Weiterführende Schriften des Autors

1997: »Angeklagt: Gott. Über den Versuch vom Leid in der Welt auf die Wahrheit des Atheismus zu schließen«, Attempto, Tübingen. (Kapitel 1)

1998: »Humanklonierung – eine Kartierung der Probleme«, in: Universitas, 53. Jahrg., S. 771–784. (Kapitel 20)

2000: »Kritik des Partikularismus« (Über partikularistische Einwände gegen den Universalismus und den Generalismus in der Ethik), Mentis, Paderborn. (Kapitel 2, 3, 4 und 5)

2000: »Aktien oder Apokalypse? Wege aus der globalen Ökokrise«, Mentis, Paderborn. (Kapitel 15)

2003 a: Gesang B., Wiesenthal T. »Windenergie ausbauen?«, in: Zeitschrift für Umweltpolitik und Umweltrecht, 26 Jahrg., Heft 2, S. 169–186. (Kapitel 18)

2003 b: »Verteidigung des Utilitarismus«, Reclam, Stuttgart. (Kapitel 3, 4 und 10)

2007: »Perfektionierung des Menschen« (in der Reihe »Grundthemen Philosophie«), De Gruyter, Berlin. (Kapitel 8, 9 und 21)

2008: »Der Moralische Relativismus und das Relativitätsargument«, in: Zeitschrift für philosophische Forschung, Band 62, Heft 2, S. 157–180. (Kapitel 5)

2010: »Ist die Achtung der Menschenwürde als Prinzip der normativen Ethik zu retten?«, in: Zeitschrift für philosophische Forschung, Band 64, Heft 4, 474–497. (Kapitel 7)

2011a: »Nutzen« in: Wildfeuer A. u. a. (Hg.): Neues Handbuch philosophischer Grundbegriffe, Kösel, 1650–1662. (Kapitel 10)

2011b: »Klimaethik« (in der Reihe »suhrkamp taschenbuch wissenschaft«), Suhrkamp, Berlin. (Kapitel 5, 10, 11 und 17)

2016: »Wirtschaftsethik und Menschenrechte – Ein Kompass zur Orientierung im ökonomischen Denken und unternehmerischen Handeln« (in der Reihe »UTB«), Mohr-Siebeck, Tübingen. (Kapitel 2 und 15)

Literatur

Ach J., Brudermüller G., Runtenberg C. (1998), »Hello Dolly? Über das Klonen«, Frankfurt.

Ach J., Quante M. (1997), »Hirntod und Organverpflanzung«, Stuttgart-Bad Cannstatt.

Agar N. (2001), »Life's Intrinsic Value«, New York.

Adams D. (2009), »Per Anhalter durch die Galaxis«, München.

Baluska F., Mancuso S., Volkmann D. (Hg.) (2006), »Communication in Plants«, Berlin (u. a.).

Bieri P. (2003), »Das Handwerk der Freiheit: Über die Entdeckung des eigenen Willens«, Frankfurt.

Birnbacher D. (1995), »Tun und Unterlassen«, Stuttgart.

Bonoli G., Häusermann S. (2009), »Who wants what from the welfare state? Socio-structural cleavages in distributional politics: evidence from Swiss referendum votes«, in: Tremmel J. (Hg.), »A Young Generation under Pressure? The Financial Situation and the ›Rush Hour‹ of the Cohorts 1970–1985 in a Generational Comparison«, Berlin (u. a.).

Brezger J. (2016), »So viele wie nötig und möglich! Die Pflicht zur Aufnahme von Flüchtlingen und die Spielräume politischer Machbarkeit«, in: Grundmann T., Stephan A. (Hg.), »Welche und wie viele Flüchtlinge sollen wir aufnehmen?«, Stuttgart, 57–69.

Carens J. H. (2012): »Fremde und Bürger: Weshalb Grenzen offen sein sollten«, in: Casse A., Goppel A. (Hg.), »Migration und Ethik«, Münster, 23–46.

Cheneval F., Rochel J., (2012), »Rimessen, Personenfreizügigkeit und Globale Gerechtigkeit«, in: Casse A., Goppel A. (Hg.), »Migration und Ethik«, Münster, 169–184.

Cox P. M., Betts R. A. u. a. (2000), »Acceleration of global warming due to carbon-cycle feedbacks in a coupled climate model«, in: Nature 408, S. 184–187.

Crichton F. u. a. (2014), »Can expectations produce symptoms from infrasound associated with wind turbines?«, in: Health Psychology, 33. Jahrg,, Heft 4, S. 360–364.

Della Mirandola, P. (1990): »Über die Würde des Menschen«, Hamburg.

Domini A. (2001): »Socially Responsible Investing«, Chicago.

Downs A. (1957): »An Economic Theory of Democracy«, New York.

Ehrenfeld D. (1992), »Warum soll man der biologischen Vielfalt einen Wert beimessen?«, in: Wilson E.O. (Hg.): »Ende der biologischen Vielfalt?«, Heidelberg (u.a.), 235–239.

Feinberg J. (1986), »Die Rechte der Tiere und zukünftiger Generationen«, in: Birnbacher D. (Hg), »Ökologie und Ethik«, Stuttgart, 140–179.

Fukuyama F. (2004), »Das Ende des Menschen«, München.

Fülöp S. (2014), »Die Rechte, Pflichten und Tätigkeiten des ungarischen Parlamentsbeauftragten für zukünftige Generationen« in: Gesang B. (Hg.), »Kann Demokratie Nachhaltigkeit?«, Wiesbaden, 67–84.

Gems D., (2003), »Is More Life Always Better?« in: Hastings Center Report 33, Nr. 4, S. 31–39.

Glover J. (2006), »Choosing Children. The ethical dilemmas of genetic intervention«, Oxford.

Guckes B. (2003), »Ist Freiheit eine Illusion?«, Paderborn.

Habermas J. (2002), »Die Zukunft der menschlichen Natur. Auf dem Weg zu einer liberalen Eugenik?«, Frankfurt.

Herberer B. (2015), »Grüne Gentechnik: Hintergründe, Chancen und Risiken«, Wiesbaden.

Hoerster N. (2002), »Ethik des Embryonenschutzes. Ein rechtsphilosophischer Essay«, Stuttgart.

Homann K., Blome-Drees F. (1992), »Wirtschafts- und Unternehmensethik«, Göttingen.

Horn C. (2011), »Gerechtigkeit«, in: Kolmer P., Wildfeuer A. (Hg.), »Neues Handbuch philosophischer Grundbegriffe«, Bd. 2, Freiburg, 933–946.

Hume D. (1955), »Untersuchung über die Prinzipien der Moral«, Hamburg.

Huxley A. (2007), »Schöne neue Welt. Ein Roman der Zukunft«, Frankfurt am Main 2007.

Jonas H., (1985), »Technik, Medizin und Ethik«, Frankfurt.

Kambouri T. (2015), »Deutschland im Blaulicht«, München (u. a.).

Kant I. (1983), »Werke in zehn Bänden«, Weischedel W. (Hg.), Darmstadt.

Kass L. R. (2001), »L'Chaim and its Limits: Why not immortality?«, in: First Things, 113, 14–17.

Katechismus der Katholischen Kirche (1993). München (u.a.).

Katz E. (1997), »Nature as Subject«, Lanham (u.a.).

Kielmansegg P. v. (2013), »Demokratische Legitimation«, in: Kube H. u.a. (Hg.), »Leitgedanken des Rechts«, 1. Band, Heidelberg (u.a.), 641–650.

Kliemt H. (1993), »Gerechtigkeitskriterien in der Transplantationsmedizin – Eine ordoliberale Perspektive«; in: Nagel E. und Fuchs Ch. (Hg.), »Soziale Gerechtigkeit im Gesundheitswesen. Ökonomische, ethische, rechtliche Fragen am Beispiel der Transplantationsmedizin«, Berlin (u.a.), 262–283.

Krebs A. (1996), »Ökologische Ethik I«, in: Nida-Rümelin J. (Hg.), »Angewandte Ethik«, 346–385.

Küng H. (1983), »Existiert Gott?«, München.

Kutschera F. v. (1982), »Grundlagen der Ethik«, Berlin (u. a.).

Leopold A. (1979), »Some Fundamentals of Conservation in the Southwest«, in: Environmental Ethics, Band I.

Lynas M. (2008), »Six Degrees«, London.

Mackie J. L., (1987), »Das Wunder des Theismus«, Stuttgart.

Margalit A. (1999), »Politik der Würde«, Frankfurt.

MacAskill W. (2016), »Gutes besser tun«, Berlin.

Mill J. S. (1984), »Drei Essays über Religion«, Stuttgart.

Overall Ch. (2003): »Aging, Death, And Human Longevity. A Philosophical Inquiry«, London.

Piketty T. (2016), »Das Kapital im 21. Jahrhundert«, München.

Rahmstorf S., Schellnhuber H. J., (2007), »Der Klimawandel«, München.

Randers J. (2012), »2052: A Global Forecast for the Next Forty Years«, Vermont.

Rawls J. (1993), »Eine Theorie der Gerechtigkeit«, Frankfurt.

Rippe K. P. (1993), »Ethischer Relativismus«, Paderborn.

Rorty R. (1989), »Kontingenz, Ironie und Solidarität«, Frankfurt.

Schweitzer A. (1966), »Die Lehre von der Ehrfurcht vor dem Leben«, München.

Schweitzer A. (1960), »Kultur und Ethik«, München.

Singer P. (2013), »Praktische Ethik«, Stuttgart.

Smart J. J. C., Williams B. (1973), »Utilitarianism, For and Against«, Cambridge.

Stein T. (1998), »Demokratie und Verfassung an den Grenzen des Wachstums«, Opladen.

Stepanians M. (2003), »Gleiche Würde, gleiche Rechte«, in: Stoecker R. (Hg.), »Menschenwürde – Annäherungen an einen Begriff«, Wien, 81–101.

Stoecker R. (2002), »Die Würde des Embryos«, in: Groß D. (Hg.), »Ethik in der Medizin in Lehre, Klinik und Forschung«, Würzburg, 53–70.

Studnitz C. v. (1993), »Mit Tränen löschst du das Feuer nicht:
Maxim Gorki und sein Leben«, Düsseldorf.

Thor P. (2016): »Wir. Ein Gemeinwesen«, in: Grundmann,
T., Stephan, A. (Hg.), »Welche und wie viele Flüchtlinge
sollen wir aufnehmen?«, Stuttgart, 133–150.

Vidal O. u. a. (2013), »Metals for a low-carbon society«, in:
Nature Geoscience 6, 894–896.

Weizsäcker E. U. v. (2000), »Shareholder-Value-Mentalität
und Umweltmüdigkeit«, in: Frankfurter Rundschau vom
8. 8. 2000.

Wer diese 85 Zitate kennt, der versteht die Weltgeschichte!

Helge Hesse

Hier stehe ich, ich kann nicht anders

In 85 Sätzen durch die Weltgeschichte

Piper Taschenbuch, 400 Seiten
€ 11,00 [D], € 11,40 [A]*
ISBN 978-3-492-31010-9

»Hier stehe ich, ich kann nicht anders«, bekannte Martin Luther. »Wissen ist Macht«, wusste schon Francis Bacon. »Wollt ihr den totalen Krieg?«, fragte Joseph Goebbels. George W. Bush erfand die »Achse des Bösen« und Angela Merkel rief aus „Wir schaffen das!". Ausgehend von 85 bekannten Sätzen führt Helge Hesse unterhaltsam und anschaulich durch die Weltgeschichte. Ob Antike, Renaissance, Zweiter Weltkrieg oder die Herausforderungen des 21. Jahrhunderts: Jeder dieser Sätze öffnet die Tür in eine bestimmte Epoche und lässt deren Ereignisse, Menschen und berühmte Orte wieder lebendig werden.

PIPER

Leseproben, E-Books und mehr unter **www.piper.de**